AF201125

Paul Julius Schroeter

Hundert Fälle von Granulöser Conjunctivitis

Paul Julius Schroeter

Hundert Fälle von Granulöser Conjunctivitis

ISBN/EAN: 9783743612280

Hergestellt in Europa, USA, Kanada, Australien, Japan

Cover: Foto ©Thomas Meinert / pixelio.de

Manufactured and distributed by brebook publishing software
(www.brebook.com)

Paul Julius Schroeter

Hundert Fälle von Granulöser Conjunctivitis

HUNDERT FÄLLE

von

GRANULÖSER CONJUNCTIVITIS.

INAUGURAL-DISSERTATION

VERFASST UND MIT ZUSTIMMUNG

DER MEDICINISCHEN FACULTAET

DER

UNIVERSITAET LEIPZIG

ZUR ERLANGUNG

DER DOCTORWUERDE IN DER MEDICIN, CHI-RURGIE UND GEBURTSHILFE

UNTER VORSITZ DES

HERRN DR· ERNST HEINRICH WEBER,

PROF. ORD. DER ANATOMIE

AM 24. MAERZ 1865

IM PRUEFUNGSSAALE DER MEDICINISCHEN FACULTAET

OEFFENTLICH VERTHEIDIGT

VON

PAUL JULIUS SCHROETER

BACC. MED.

AUS GOHLIS.

LEIPZIG,

DRUCK VON C. E. ELBERT.

SEINEM INNIGGELIEBTEN VATER

HERRN PASTOR C. G. SCHROETER

IN KINDLICHER LIEBE UND DANKBARKEIT

GEWIDMET

VOM

VERFASSER.

Eine kleine Trachomepidemie, die im Sommer vorigen Jahres in einer hiesigen Kinderbewahranstalt auftrat, gab die Veranlassung zu dieser Arbeit. Es zeigte sich nämlich in einer Dienstbotenanstalt, die mit der Kinderbewahranstalt in demselben Hause gelegen war, eine ziemlich heftige trachomatöse Conjunctivitis bei einem Mädchen, das gewöhnlich in letzterer Anstalt beschäftigt wurde. Dieser Umstand und die Mittheilung der Erzieherin, dass schon längere Zeit einige Kinder an entzündeten Augen litten, bewog den das Mädchen behandelnden Hausarzt, die in der Kinderbewahranstalt sich aufhaltenden Kleinen zu untersuchen, wobei sich mehrere Kinder als mit Trachom behaftet herausstellten, welche nun aus der Anstalt entfernt wurden. Als später das inzwischen geheilte Dienstmädchen ihre Geschäfte in der Bewahranstalt wieder aufnahm, und bald darauf von Neuem am Trachom erkrankte, wurden die Kinder einer nochmaligen Untersuchung unterworfen, welche zeigte, dass eine grössere Anzahl an mehr oder weniger entwickeltem Trachom litten. Es wurde nun, um die Ausbreitung des Uebels zu verhüten, die Kinderbewahranstalt geschlossen, die Aeltern der Kinder aber bedeutet, dieselben ärztlich behandeln zu lassen, beziehentlich der hiesigen Augenheilanstalt zuzuschicken. Da sich in Folge dessen bald nicht nur die augenkranken Kinder, sondern auch inzwischen von denselben angesteckte Geschwister u. s. w., ferner Inwohnerinnen jener Dienstbotenanstalt, in welcher die Krankheit von dem zuerst ergriffenen Mädchen sich ebenfalls schnell ausgebreitet hatte, zur Behandlung in der Augenheilanstalt einstellten, so veranlasste mich Herr Geheim. Medicinalrath Professor R u e t e, zum Zweck einer späteren Veröffentlichung diese kleine Epidemie einer genaueren Beachtung zu unterwerfen, und hatte die Güte, mir alle Fälle von granulöser Conjunctivitis, die in jener Zeit sich einfanden, zur Beobachtung und unter seiner Aufsicht theilweise zur Behandlung zu überlassen.

Indem ich hiefür Herrn Geheim. Medicinalrath R u e t e meinen Dank ausspreche, gebe ich in möglichster Gedrängtheit die Krankengeschichten in der Reihenfolge, wie mir die Patienten zur Beobachtung kamen.

1. R o b e r t S a, 36 Jahr, Handarbeiter aus Plagwitz.
Geringes Trachom des linken Auges mit starker Schwellung und Injektion der Conj. palbebr. et bulbi. Besteht seit 4 Tagen.
Ursache: Wahrscheinlich Ansteckung von den Kindern 2 u. 3.
Kam in Behandlung den 20. Juli.
Ther.: Caut. mit Plumb. acet. Kalte Ueberschläge.
Den 22. Juli. Einige Besserung. Kalte Ueb. fort.
Den 25. Juli. Keine Granula sichtbar. Entzündung gering. Kalte Ueb.
Den 27. Juli. Entzündung fast ganz geschwunden. Kalte Ueberschl.
2. A n n a S a, 3½ Jahr, Tochter vom 1.
Geringes Trachom beider Augen seit 3 Wochen.
Ursache: Ansteckung in der Kleinkinderbewahranstalt.
Kam in Behandlung den 20. Juli.
Ther: Caut. mit Plumb. acet. Kalte Ueb.
Den 25. Juli. Entzündung bedeutend gebessert. Keine Granula. Kalte Ueb. fort.
3. P a u l S a, 1½ Jahr, Sohn vom 1.
Schwaches Trachom beider Augen seit 3 Wochen.

Ursache: Ansteckung von der Schwester 2.

Kam in Behandlung den 20. Juli.

Ther.: Collyr. von Sol. arg. nitr. gr. $^1/_4$ ad $\bar{3}$j.

Den 25. Juli. Bedeutend gebessert. Keine Granula Pergat.

4. **Ferdinand Gei.**, 31 Jahr, Maurer aus Altschönefeld.

Rechts schwaches Trachom seit 6 Tagen, links Atrophia bulbi. Ursache: Vielleicht Ansteckung von einem Bettgenossen, der entzündete Augen hatte.

Kam in Behandlung den 20. Juli.

Ther.: Collyr. von Sol. zinci sulf. grj. ad $\bar{3}$j.

5. **Bruno Nz.**, 30 Jahr, Packträger aus Leipzig.

Mässiges Trachom beider Augen, links mit Keratitis. Ursache: Wie bei 4, vielleicht Ansteckung von einem Bettgenossen.

Stellte sich den 20. Juli vor, liess sich aber nicht behandeln.

6. **Oskar Ed.**, 15 Jahr, Schneiderssohn von hier, Bruder von 12, 13, 14.

Wurde seit dem 15. Juli wegen einer in Folge eines fremden Körpers entstandenen Conjunctivitis und Episkleritis behandelt. Am 20. zeigten sich beide unteren Lider schwach granulirt.

Ursache: Ansteckung von den Geschwistern.

Ther.: Caut. mit Plumb. acet. Kalte Ueb.

Den 21. Juli. Bedeutend gebessert. Collyr. von Sol. arg. nitr. gr. $^1/_4$ ad $\bar{3}$j.

7. **Richard Ill.**, 10 Jahr, Restaurateurssohn aus Leipzig.

Mässiges Trachom beider Augen, rechts mit Episkleritis, seit 3 Tagen.

Ursache: Ansteckung von den Geschwistern.

Kam in Behandlung den 18. Juli.

Ther.: Ueberschläge von Aq. Saturn.

Den 19. Juli. Episkleritis geringer. Caut. des linken Auges mit Plumb. acet. Kalte Ueberschl.

Den 20. Juli. Die Entzündung und Wucherung der Conjunctiva nimmt ab. Kalte Ueberschl. fort.

Den 22. Juli. Granulationen auch auf dem linken Auge besser. Sanfte Caut. beider Augen mit Plumb. acet. Kalte Ueb.

Den 23. Juli. Die Granulationen nehmen ab. Kalte Ueberschl. fort.

Den 6. Sept. Conjunctiva nur noch wenig rauh. Collyr. von Sol. zinci sulf. gr. j ad $\bar{3}$j.

Den 8. Sept. Im Gleichen. Pergat.

8. **Anna Hll.**, 9 Jahr, Schwester von 7.

Geringes Trachom beider Augen, rechts etwas Episkleritis, seit 8 Tagen.

Ursache: Ansteckung von den Geschwistern 9 und 10.

Kam in Behandlung den 18. Juli.

Ther.: Ueberschl. von Aq. Saturn.

Den 19. Juli. Granulationen im Gleichen. Collyr. von Sol. arg. nitr. gr. $^1/_4$ ad $\mathfrak{Z}$j.

Den 20. Juli. Etwas Besserung. Pergat.

Den 21. Juli. Granulationen sehr gering. Pergat.

Den 22. Juli. Conjunctiva nur noch wenig rauh. Pergat.

Den 23. Juli. Im Gleichen. Pergat.

9. Otto Hll., 4½ Jahr, Bruder von 7 und 8.

Conjunctivitis beider Augen mit geringen Granulationen.

Ursache: Ansteckung in der Kleinkinderbewahranstalt.

Kam in Behandlung den 13. Juli.

Ther.: Collyr. von Sol. arg. nitr. gr. β ad $\mathfrak{Z}$j.

Den 22. Juli. Bedeutende Besserung. Pergat.

Den 6. Sept. Granulationen ganz gering. Collyr. von Sol. zinci sulf. gr. j ad $\mathfrak{Z}$j.

Den 8. Sept. Im Gleichen. Pergat.

10. Lina Hll., 7 Jahr, Schwester von 7, 8, 9.

Conjunctivitis beider Augen mit schwachen Granulationen.

Ursache: Ansteckung in der Kleinkinderbewahranstalt.

Kam in Behandlung den 13. Juli.

Ther.: Collyr. von Sol. arg. nitr. gr. β ad $\mathfrak{Z}$j.

Den 21. Juli. Conjunctivitis bedeutend gebessert. Granulationen sehr gering. Pergat.

11. Carl Hll., 40 Jahr, Restaurateur in Leipzig, Vater der 4 vorhergehenden.

Conjunctivitis beider Augen mit geringen Granulationen.

Ursache: Ansteckung von den Kindern.

Kam in Behandlung den 13. Juli.

Ther.: Collyr. von Sol. arg. nitr. gr. β ad $\mathfrak{Z}$j.

Den 21. Juli. Granulationen bedeutend gebessert.

12. Emma Ed., 3 Jahr, Schwester von 6.

Geringes Trachom beider Augen seit 4 Wochen.

Ursache: Ansteckung in der Kleinkinderbewahranstalt.

Kam in Behandlung den 21. Juli.

Ther.: Collyr. von Sol. arg. nitr. gr. $^1/_3$ ad $\mathfrak{Z}$j.

Den 11. Aug. Besser. Nur noch einige Granulationen sichtbar. Caut. mit Plumb. acet. Kalte Ueb.

13. Gustav Ed., 12 Jahr, Bruder von 6 und 12.

Mässiges Trachom beider Augen seit 4 Tagen.

Ursache: Ansteckung von den Geschwistern.
Kam in Behandlung den 9. Juli.
Ther.: Caut. mit Plumb. acet. Kalte Ueb.
Den 11. Juli. Granulationen geringer. Caut. mit Plumb.
acet. Kalte Ueb.
Den 21. Juli. Granulationen sehr schwach. Collyr. von
Sol. arg. nitr. gr. ¹/₄ ad ℥j.
Den 11. Aug. Noch einige wenige Granulationen sichtbar.
Sanfte Caut. mit Plumb. acet. Pergat mit dem Collyr.

14. Georg Ed., 5 Jahr, Bruder von 6, 12, 13.
Conjunctivitis beider Augen mit schwach blennorrhoischem
Ausfluss und schwachen Granulationen seit 3 Tagen.
Ursache: Ansteckung in der Kleinkinderbewahranstalt.
Kam in Behandlung den 21. Juni.
Ther.: Ueberschl. von Aq. Saturn mit Tinct. opii.
Den 22. Juni. Ausfluss geringer. Collyr. von Sol. arg.
nitr. gr. ¹/₄ ad ℥j.
Den 11. Juli. Geringe Schleimabsonderung und Granuli-
rung. Pergat.
Den 21. Juli. Etwas mehr Ausfluss. Pergat.
Den 10. Aug. Nur noch wenig Ausfluss. Conjunctiva we-
nig rauh und entzündet. Sanfte Caut. mit Plumb. acet. Pergat
mit dem Collyr.

15. Carl Ka., 5 Jahr, Markthelfers Sohn von Leipzig.
Geringes Trachom beider Augen.
Ursache: Ansteckung in der Kinderbewahranstalt.
Stellte sich den 15. Juli vor, fand sich aber zur Behandlung
nicht wieder ein.

16. Wilhelm Ka., 6 Jahr, Bruder von 15.
Geringes Trachom beider Augen.
Ursache: Ansteckung in der Kinderbewahranstalt.
Stellte sich den 15. Juli vor, fand sich aber zur Behandlung
nicht wieder ein.

17. Otto Hei., 5 Jahr, Friseurssohn aus Leipzig.
Trachom mittleren Grades beider Augen.
Ursache: Ansteckung in der Kinderbewahranstalt.
Kam in Behandlung den 15. Juli.
Ther.: Caut. mit Plumb. acet. Kalte Ueb.
Den 18. Juli. Bedeutende Besserung. Kalte Ueb. fort.
Den 22. Juli. Granulationen stark vermindert. Sanfte Caut.
mit Plumb. acet. Kalte Ueb.
Den 17. Aug. Granula sehr schwach. Collyr. von Sol. arg.
nitr. gr. ¹/₈ ad ℥j.

Den 31. Aug. Conjunctiva nur wenig rauh. Pergat.

18. Helene Hei.. 4 Jahr, Schwester von 17.

Lebhafte Entzündung der Conjunctiva beider Augen mit mässig entwickelten Granulationen.

Ursache: Ansteckung in der Kleinkinderbewahranstalt.

Kam den 15. Juli in Behandlung.

Ther.: Caut. mit Plumb. acet. Kalte Ueb.

Den 18. Juli. Entzündung und Wucherung wesentlich besser. Kalte Ueb. fort.

Den 22. Juli. Die Besserung schreitet fort. Sanfte Caut. mit Plumb. acet. Kalte Ueb.

Den 17. Aug. Granula schwach. Collyr. von Sol. arg. nitr. gr. $^1/_3$ ad $\tilde{3}$j.

Den 31. Aug. Wenig Injektion mehr, Conjunctiva ziemlich glatt. Pergat.

19. Selma Hi., 1$^1/_2$ Jahr, Gerichtsdienerstochter aus Leipzig.

Litt früher an katarrhalischer Conjunctivitis beider Augen, die am 18. Juli heftiger wurde und kleine Granulationen zeigte.

Ursache unbekannt.

Ther. den 18. Juli: Collyr. von Sol. arg. nitr. gr. $^1/_4$ ad $\tilde{3}$j.

Den 21. Juli. Entzündung und Granulirung bedeutend gebessert. Pergat.

20. Bertha Hck., 25 Jahr, Aufwärterin aus Thonbergstrassenhäuser.

Geringes Trachom beider Augen mit etwas Episkleritis seit 4 Tagen.

Ursache unbekannt.

Kam den 20. Juli in Behandlung.

Ther.: Ueberschl. von Aqua Saturn.

Den 30. Juli. Entzündung bedeutend in Abnahme. Collyr. von Sol. zinci sulf. grj ad $\tilde{3}$j.

21. Helene Kü., 5$^1/_2$ Jahr, Schuhmacherstochter aus Leipzig.

Ziemlich lebhafte Conjunctivitis beider Augen mit mässig entwickelten Granulis.

Ursache: Ansteckung in der Kleinkinderbewahranstalt.

Kam in Behandlung den 15. Juli.

Ther.: Caut. mit Plumb. acet. Kalte Ueb.

22. Carl La., 43 Jahr, Handarbeiter aus Stötteritz.

Schwaches Trachom des rechten Auges mit etwas Episkleritis und einem kleinen Atherom am obern Augenlid seit 3 Tagen.

Ursache unbekannt.

Kam den 14. Juli in Behandlung.

Ther.: Exstirpation des Atheroms. Ueb. von Aq. Saturn.

23. **Julius Da.**, 3½ Jahr, Möbelpolirers Sohn aus Leipzig.
Geringes Trachom beider Augen seit 3 Tagen.
Ursache: Ansteckung in der Kleinkinderbewahranstalt.
Kam in Behandlung den 11. Juli.
Ther.: Collyr. von Sol. arg. nitr. gr. ¼ ad ℥j.
Den 13. Juli. Entzündung sehr gering. Pergat.
Den 16. Juli. Entzündung und Granulationen wieder etwas
stärker. Pergat.
Den 21. Juli. Conjunctivitis geringer. Pergat.
Den 25. Juli. Die Besserung schreitet fort. Collyr. von
Sol. zinci sulf. grj ad ℥j.
Den 30. Juli. Conjunctiva glatt und wenig injicirt. Pergat.
Den 17. Aug. Conjunctiva gesund.

24. **Emma Fü.**, 5 Jahr, Bodenarbeiterstochter aus Leipzig.
Trachom mittleren Grades beider Augen.
Ursache: Ansteckung in der Kleinkinderbewahranstalt.
Kam den 11. Juli in Behandlung.
Ther.: Collyr. von Sol. arg. nitr. gr. β ad ℥j.
Den 12. Juli. Die Entzündung nimmt ab. Pergat.
Den 14. Juli. Entzündung und Granulirung rechts etwas
stärker. Pergat.
Den 15. Juli. Granulationen auch links stärker. Pergat.
Den 16. Juli. Episkleralgefässe etwas injicirt. Granulationen
ziemlich dick. Collyr. ausgesetzt. Caut. mit Plumb. acet. Kalte Ueb.
Den 18. Juli. Episkleritis verschwunden. Granulirung ge-
ringer. Collyr. von Sol. arg. nitr. gr. β ad ℥j.
Den 25. Juli. Im Gleichen. Pergat.
Den 31. Juli. Die Granulationen sind noch immer stark,
haben ein froschlaichartiges Aussehen. Caut. mit Plumb. acet.
Kalte Ueb.
Den 5. Aug. Etwas Besserung. Die Aetzschorfe liegen theil-
weis noch. Kalte Ueb. fort.
Den 8. Aug. Granula noch stark entwickelt, namentlich in
den Bulbopalpebralfalten sehr dick und gross. Caut. mit Plumb.
acet. Kalte Ueb.
Den 9. Aug. Wenig Besserung. Starke Caut. mit Plumb.
acet. Kalte Ueb.
Den 11. Aug. Wucherung etwas in Abnahme. Kalte Ueb.
Den 18. Aug. Die Granulationen sind etwas geringer, aber
immer noch dick, froschlaichähnlich. Caut. mit Plumb. acet.
Kalte Ueb.
Den 22. Aug. Etwas Besserung.

Den 24. Aug. Die Granulationen sind schwächer, nur in den äussern Augenwinkeln noch stärker entwickelt.

Den 31. Aug. Die Granulirung hat weiter abgenommen.

Den 5. Sept. Wieder etwas mehr Wucherung. Caut. mit Plumb. acet. Kalte Ueb.

Den 9. Sept. Die Besserung schreitet fort. Collyr. von Sol. arg. nitr. Gr. β ad $\mathrecovery{3}j$.

Den 15. Sept. Wucherung und Injektion etwas vermehrt. Caut. mit Plumb. acet. Kalte Ueb.

Den 29. Sept. Granulationen bedeutend kleiner.

Den 4. Oct. Entzündung und Granulirung haben sehr abgenommen. Collyr. von Sol. arg. nitr. Gr. $^1/_4$ ad $\overline{3}j$.

Den 15. Oct. Conjunctiva wenig entzündet, etwas rauh. Pergat.

Den 1. Nov. Conjunctiva nur noch wenig rauh. Pergat.

Den 3. Nov. Im Gleichen. Pergat.

25. Clara Fü., $2^1/_2$ Jahr, Schwester von 24.

Wurde seit dem 2. Juli wegen Conjunctivitis und Episkleritis mit Aq. Saturn. behandelt; am 8. Juli zeigte sich an beiden Augen ein schleimig citriger Ausfluss und eine schwache Granulirung der Conjunctiva.

Ursache: Ansteckung in der Kinderbewahranstalt.

Ther. Den 8. Juli: Collyr. von Sol. arg. nitr. Gr. β ad $\overline{3}j$.

Den 11. Juli. Conjunctivitis geringer. Wenig Absonderung. Pergat.

Den 14. Juli. Die Besserung schreitet fort. Collyr. von Sol. zinci sulf. Gr. j ad $\overline{3}j$.

Den 21. Juli. Die Entzündung und Wucherung der Conjunctiva hat etwas zugenommen. Collyr. von Sol. arg. nitr. Gr. $^1/_4$ ad $\overline{3}j$.

Den 25. Juli. Im Gleichen. Pergat.

Den 30. Juli. Die Granulationen sind stärker entwickelt. Caut. mit Plumb. acet. Kalte Ueb.

Den 5. Aug. Entzündung geringer. Kalte Ueb.

Den 8. Aug. Auf beiden Augen stark entwickelte Granulationen. Caut. mit Plumb. acet. Kalte Ueb.

Den 9. Aug. Auf dem linken Auge zeigen sich noch dicke und grosse Granula von froschlaichartigem Aussehen. Starke Caut. des linken Auges mit Plumb. acet. Kalte Ueb.

Den 15. Aug. Derselbe Zustand. Die Schorfe liegen theilweise noch.

Den 18. Aug. Es zeigen sich immer noch sehr dicke, froschlaichähnliche Granulationen. Caut. mit Plumb. acet. Kalte Ueb.

Den 22. Aug. Etwas Besserung. Kalte Ueb. fort.

Den 24. Aug. Die Granulationen sind bedeutend schwächer und kleiner.

Den 29. Aug. Entzündung gering. Noch einige kleine Granulationen. Caut. mit Plumb. acet. Kalte Ueb.

Den 31. Aug. Injection und Wucherung der Conjunctiva geringer. Kalte Ueb. fort.

Den 9. Sept. Conjunctiva nur noch wenig rauh. Collyr. von Sol. arg. nitr. gr. $^1/_4$ ad $\bar{3}$j.

Den 22. Sept. Nur noch wenig kleine Granula sichtbar. Entzündung gering. Pergat.

Den 3. Oct. Conjunctiva ziemlich glatt, wenig injicirt. Pergat.

Den 15. Oct. Die Besserung schreitet fort. Pergat.

Den 24. Oct. Wenig Injection und Schwellung. Pergat.

Den 1. Nov. Im Gleichen. Pergat.

26. Johann Fü., 46 Jahr, Bodenarbeiter hier, Vater von 24 und 25.

Starke Conjunctivitis und Episkleritis des linken Auges mit schwachem blennorrhoischen Ausfluss und schwachen Granulationen, seit gestern.

Ursache: Ansteckung von den Kindern 24 und 25.

Kam in Behandlung den 7. Juli.

Ther.: Cucurb. cruent. no jjj. Eisüberschläge. Sal. amar.

Den 8. Juli. Ausfluss gesteigert. Auch auf dem rechten Auge Granulationen und blennorrhoischer Ausfluss. Eisüberschläge fort.

Den 14. Juli. Geringe Conjunctivitis; Granulationen und Ausfluss sind sehr gering. Collyr. von Sol. arg. nitr. gr. β ad $\bar{3}$j.

Den 5. Aug. Conjunctiva nur noch wenig injicirt. Pergat.

27. Marie And., 5 Jahr, Feuermannstochter hier.

Geringes Trachom beider Augen.

Ursache: Ansteckung in der Kleinkinderbewahranstalt.

Stellte sich den 15. Juli vor, fand sich aber nicht wieder zur Behandlung ein.

28. August Ba., 18 Jahr, Seminarist aus Elsterwerda.

Mässiges Trachom beider Augen seit längerer Zeit.

Ursache unbekannt.

Kam den 19. Juli in Behandlung.

Ther.: Caut. mit Cupr. sulfur. Collyr. von Sol. arg. nitr. gr. $^1/_4$ ad $\bar{3}$j.

29. August Ma., 26 Jahr, Handarbeiter aus Wahren.

Geringes Trachom beider Augen seit 8 Tagen.

Ursache unbekannt.

Kam den 5. Juli in Behandlung.

Ther.: Caut. mit Plumb. acet. Kalte Ueb.

Den 8. Juli. Bedeutende Besserung. Kalte Ueb. fort.

Den 2. Sept. Granulationen nur noch sehr schwach.
Caut. mit Sol. arg. nitr. gr. x ad ℥j. Kalte Ueb.

Den 20. Oct. Granulationen ziemlich verschwunden. Lider
etwas geröthet. Ueberschl. von Aq. Saturn.

30. F r i e d r i c h Gn., 21 Jahr, Tischler aus Leipzig.
Mittelgradiges Trachom beider Augen seit 8 Tagen.
Ursache: Pat. hat den Tripper.
Kam den 21. Juli in Behandlung.
Ther.: Caut. mit Plumb. acet. Kalte Ueb.

Den 25. Juli. Nur wenig Besserung. Caut. mit Plumb.
acet. Kalte Ueb.

Den 27. Juli. Das Trachom bessert sich. Caut. mit Plumb.
acet. Kalte Ueb.

Den 29. Juli. Etwas mehr Granulationen. Caut. mit Plumb.
acet. Kalte Ueb.

Den 3. Aug. Wucherung etwas geringer. Caut. mit Plumb.
acet. Kalte Ueb.

Den 8. Aug. Derselbe Zustand. Caut. mit Plumb. acet.
Kalte Ueberschl.

Den 12. Aug. Granulirung immer noch stark entwickelt. Starke
Caut. mit Plumb. acet. Kalte Ueberschl.

Den 15. Aug. Granula etwas geringer. Caut. mit Plumb. acet.
Kalte Ueb.

Den 19. Aug. Granulirung schwächer. Caut. mit Plumb. acet.
Kalte Ueb.

Den 24. Aug. Entzündung stark in Abnahme. Nur noch geringe Granula.

Den 26. Aug. An den äussern Augenwinkeln noch einige
Granula. Caut. dieser Stellen mit Plumb. ac. Kalte Ueb.

Den 31. Aug. Die Besserung schreitet fort, Caut. mit Plumb.
ac. Kalte Ueb.

Den 5. Sept. Wucherung sehr unbedeutend. Caut. mit Plumb.
acet. Kalte Ueb.

Den 10. Sept. Conjunctiva nur noch wenig rauh. Collyr. von
Sol. arg. nitr. gr. β ad ℥.

Den 3. Oct. Conjunctiva ziemlich glatt. Pergat.

Den 19. Nov. Im Gleichen. Pergat.

Den 29. Nov. Es zeigen sich wieder grössere Granulationen.
Caut. mit Plumb. acet. Kalte Ueb.

Den 3. Dec. Im Gleichen. Caut. mit Plumb. acet. Kalte Ueb.

Den 5. Dec. Entzündung und Granulirung geringer. Caut. mit Plumb. acet. Kalte Ueb.

Den 17. Dec. Etwas mehr Injection der Conjunctiva. Kalte Ueberschl.

Den 20. Dec. Injection geringer. Caut. mit Plumb. acet. Kalte Ueberschl.

Den 24. Dec. Derselbe Zustand. Caut. mit Plumb. acet. Kalte Ueb.

Den 27. Dec. Entzündung gering. Nur noch wenig Granula sichtbar.

Den 2. Jan. 1863. Etwas stärkere Granulationen. Caut. mit Plumb. acet. Kalte Ueb.

Den 10. Jan. Die Granulirung hat abgenommen. Caut. mit Plumb. acet. Kalte Ueb.

Den 16. Jan. Wucherung ziemlich schwach. Caut. mit Plumb. acet. Kalte Ueb.

Den 26. Jan. Im Gleichen. Etwas mehr Injection. Caut. mit Plumb. acet. Kalte Ueb.

Den 3. Febr. Nur noch wenig Granulirung. Caut. mit Plumb. acet. Kalte Ueb.

Patient befindet sich noch in Behandlung.

31. Ottilie Rü., 9 Jahr, Schneiderstochter von hier.

Geringes Trachom des rechtes Auges.

Ursache: Ansteckung von den Geschwistern.

Kam den 18. Juli in Behandlung.

Ther.: Collyr. von Sol. arg. nitr. gr. $^1/_4$ ad $\tilde{3}\beta$.

Kalte Ueb.

Den 22. Juli. Auf beiden Augen starke Granulationen. Caut. mit Plumb. acet. Kalte Ueb.

Den 23. Juli. Derselbe Zustand. Caut. mit Plumb. ac. Kalte Ueberschl.

Den 25. Juli. Die Schorfe liegen theilweis noch. Kalte Ueb.

Den 27. Juli. Rechts sind die Granulationen vermindert, links vermehrt. Caut. des linken Auges mit Plumb. acet. Kalte Ueberschl.

Den 30. Juli. Granulationen beiderseits geringer. Sanfte Caut. mit Plumb. acetl Kalte Ueb.

Den 1. Aug. Die Wucherung nimmt sehr ab. Caut. mit Plumb. acet. Kalte Ueb.

Den 3. Aug. Derselbe Zustand. Caut. mit Plumb. acet. Kalte Ueb.

Den 8. Aug. Die Granulationen sind stark vermindert. Collyr. von Sol. zinci sulf. gr. jad $\tilde{3}$j.

Den 13. Aug. Granulationen noch schwach sichtbar. Collyr. ausgesetzt. Sanfte Caut. mit Plumb. acet. Kalte Ueb.

Den 15. Aug. Die Conjunctiva bulbi ist etwas injicirt. Kalte Ueberschl.

Den 17. Aug. Entzündung gemindert. Caut. mit Plumb. ac. Kalte Ueb.

Den 22. Aug. Granula kaum noch sichtbar. Collyr. von Sol. zinci sulf. gr. j ad $\mathfrak{Z}$j.

Den 26. Aug. Kein Granula. Entzündung sehr gering. Pergat.

32. Clara Rü., 7½ Jahr, Schwester von 31.

Conjunctivitis beider Augen mit schwach entwickelten Granulationen.

Ursache: Ansteckung in der Kleinkinderbewahranstalt. Das Kind litt zur Zeit des Entstehens der Conjunctivitis an heftiger Stomatocace und Dysenterie, die sich am 22. Juli, als es zur Behandlung kam, verloren hatten.

Ther.: Collyr. vom Sol. arg. nitr. gr. ¼ ad $\mathfrak{Z}$j.

Den 27. Juli. Entzündung wenig gebessert. Granulationen deutlich sichtbar. Collyr. ausgesetzt. Sanfte Caut. mit Plumb. acet. Kalte Ueb.

Den 1. Aug. Conjunctivitis und Granulirung bedeutend gebessert. Collyr. von Sol. zinci sulf. grj ad $\mathfrak{Z}$j.

Den 9. Aug. Die Besserung schreitet fort. Perg.

Den 15. Aug. Conjunctiva ganz glatt. Entzündung sehr schwach. Pergat.

Den 17. Aug. Conjunctiva gesund.

33. Helene Rü., 5½ Jahr, Schwester von 31 und 32.

Schwache Conjunctivitis beider Augen mit schwach entwickelten Granulis.

Ursache: Ansteckung in der Kleinkinderbewahranstalt.

Patientin litt ebenfalls früher an Stomatocace cetarrhalis, kam den 22. Juli in Behandlnng.

Ther.: Collyr. von Sol. arg. nitr. gr. β ad $\mathfrak{Z}$j.

Den 1. Aug. Granulationen wenig sichtbar. Pergat.

Den 2. Aug. Die Besserung schreitet fort. Collyr. von Sol. zinci sulf. grj ad $\mathfrak{Z}$j.

Den 5. Aug. Conjunctiva nur noch wenig rauh. Pergat.

Den 9. Aug. Conjunctiva glatt, wenig injicirt. Pergat.

Den 17. Aug. Conjunctiva gesund.

34. Hermann Rü., 3½ Jahr alt, Bruder von 31, 32, 33.

Conjunctivitis beider Augen mit schwachen Granulationen.

Ursache: Ansteckung in der Kleinkinderbewahranstalt.

Litt wie die Geschwister an Stom. atocace.

Kam in Behandlung den 22. Juli.

Ther.: Collyr. von Sol. arg. nitr. gr. $^1/_4$ ad $\tilde{3}$j.

Den 1. Aug. Granulationen sehr schwach. Collyr. von Sol. zinci sulf. grj ad $\tilde{3}$j.

Den 8. Aug. Die Entzündung mindert sich. Pergat.

Den 13. Aug. Conjunctiva glatt, wenig injicirt und geschwellt. Pergat.

Den 24. Aug. Conjunctiva gesund.

35. Max Krs., 3½ Jahr alt, Schuhmacherssohn aus Leipzig.

Conjunctivitis beider Augen mit schwachen Granulationen seit 3 Wochen.

Ursache: Ansteckung in der Kleinkinderbewahranstalt.

Kam den 18. Juli in Behandlung.

Ther.: Collyr. von Sol. zinci sulf. grj ad $\tilde{3}$j.

Den 22. Juli: Conjunctivitis geringer. Pergat.

Den 8. Aug. Conjunctiva nur noch wenig rauh, etwas injicirt. Pergat.

Den 8. Sept. Conjunktiva gesund.

36. Anna Krs., 7 Jahr alt. Schwester von 35.

Conjunctivitis beider Augen mit schwachen Granulationen seit 5 Tagen.

Ursache: Ansteckung in der Kleinkinderbewahranstalt.

Kam in Behandlung den 22. Juli.

Ther.: Collyr. von Sol. zinci grj ad $\tilde{3}$j.

Den 8. Aug. Conjunctiva nur wenig injicirt fast glatt. Perg.

Den 8. Sept. Conjunctiva gesund.

37. Paul Ne., 7 Jahr alt, Mechanikerssohn aus Leipzig.

Wurde seit den 11. Juli wegen Conjunctivitis catarrhalis geringen Grades mit Sol. lap. div. grj ad $\tilde{3}$j behandelt; den 18. Juli zeigte sich die Conjunctivitis stärker und an beiden Augen Granulationen.

Ursache: Ansteckung in der Kleinkinderbewahranstalt.

Ther.: Collyr. von Sol. arg. nitr. gr. β ad $\tilde{3}$j.

Den 26. Juli. Conjunctiva nur noch wenig rauh. Collyr. von Sol. arg. nitr. gr. $^1/_4$ ad $\tilde{3}$j.

Den 1. Aug. Die Besserung schreitet fort. Pergat.

Den 15. Aug. Conjunctiva gesund.

38. Ernestine Ri., 11¾ Jahr, Schlosserstochter aus Reudnitz.

Wurde wegen Conjunctivis catarrhalis seit den 14. Juli mit Sol. zinci behandelt. Den 20. Juli zeigten sich auf beiden Augen schwache Granulationen.

Ursache: unbekannt.

2

Ther.: Collyr. von Sol. zinci sulf. grj. ad $\bar{3}$j.

Den 2. Aug. Conjunctiva gesund.

39. Minna Po., 6 Jahr, Schlosserstochter aus Leipzig. Geringes Trachom beider Augen.

Ursache: Ansteckung in der Kleinkinderbewahranstalt. Stellte sich den 16. Juli vor, fand sich aber zur Behandlung nicht wieder ein.

40. Helene Vll., 5 Jahr, Advokatenstochter aus Leipzig.

Mittelgradiges Trachom bei den Augen.

Ursache: Ansteckung in der Kinderbewahranstalt. Kam in Behandlung den 16. Juli.

Ther.: Caut. mit Plumb. acet. Kalte Ueb.

Den 17. Aug. Entzündung und Schwellung der Conjunctiva noch ziemlich stark. Granula schwach. Links Conjunctivitis partialis. Kalte Ueb. Links Calomel.

Den 20. Aug. Conjunctivis partialis verschwunden. Noch einige Granula sichtbar. Caut. beider Augen mit Plumb. acet. Kalte Ueb.

Den 22. Aug. Entzündung und Granulirung gering. Kalte Ueb.

Den 25. Aug. Keine Granula. Conjunctiva nur wenig injicirt. Collyr. von Sol. zinci sulf. grj. ad $\bar{3}$j.

41. Clara Vll., 28 Jahr, Mutter von 40.

Litt seit dem 15. März an einem schwachen Trachom beider Augen, das sich unter Anwendung eines Collyrium von Sol. arg. nitr. gr. $^1/_4$ ad $\bar{3}$j verlor, aber Ende Mai wieder recidivirte. Es wurde mit derselben Solution weiter behandelt.

Den 16. Juli Granulationen schwach. Pergat.

Den 17. Aug. Conjunctivitis gering. Keine Granula sichtbar. Collyr. von Sol. zinci sulf. grj. ad $\bar{3}$j.

Den 20. Aug. Conjunctiva nur wenig injicirt.

42. Franz Sei., 18 Jahr. Knecht aus Gölschen.

Wurde vom 10. Juni bis zum 9. Juli wegen Keratitis beider Augen behandelt; am 16. Juli zeigten sich beide Hornhäute noch getrübt, auf beiden Augen die Conjunctiva injicirt und mit kleinen bläschenförmigen Granulationen besetzt.

Ursache unbekannt.

Ther.: Caut. mit Plumb. acet. Kalte Ueb.

43. Johann Rp., 23 Jahr, Tischler aus Liegnitz.

Mittelgradiges Trachom beider Augen seit 14 Tagen. Rechts ist die Granulirung stärker und die Conj. bulbi injicirt.

Ursache unbekannt.

Kam den 22. Juli in Behandlung.

Ther.: Caut. mit Plumb. acet. Kalte Ueb. Sal. amar.

Den 25. Juli. Die Granulationen sind geringer. Caut. mit Plumb. acet. Kalte Ueb.

Den 27. Juli. Die Entzündung ist etwas stärker. Caut. mit Plumb. acet. Kalte Ueb.

Den 29. Juli. Entzündung und Wucherung geringer. Kalte Ueb.

Den 1. Aug. Die Granulationen haben etwas zugenommen. Caut. mit Plumb. acet. Kalte Ueb.

Den 3. Aug. Granula geringer. Caut. mit Plumb. acet. Kalte Ueb.

Den 12. Aug. Conjunctiva ziemlich glatt, nur in den äussern Augenwinkeln sind noch Granulationen sichtbar. Caut. dieser Stellen mit Plumb. acet. Kalte Ueb.

Den 15. Aug. Rechts Conjunctiva bulbi stark injicirt, vordere Ciliagefässe ebenso. Cuc. cruent. no. jj. Kalte Ueb. Sal. amar.

Den 16. Aug. Episkleritis im Gleichen. Iris entfärbt, Pupille rauchig. Atropin. Kalte Ueb.

Den 17. Aug. Episkleritis immer noch stark. Auf der cornea ein kleines Geschwür. Kalte Ueb. fort.

Den 18. Aug. Im Gleichen. Cuc. cruent. no. jj. Eisüberschläge.

Den 19. Aug. Entzündung immer noch stark. Atrop. Eisüberschläge fort.

Den 22. Aug. Episkleritis geringer. Ueb. von Aq. Sat. c. tinct. opii.

Den 24. Aug. Injection der Conj. bulbi geringer. Atropin. Ueb. von Aq. Sat. c. tct. op.

Den 25. Aug. Ein geringes Hypopyon. Atropin. Ueb. von Aq. Saturn. Cuc. cruent. no. jj.

Den 26. Aug. Entzündung geringer, Hypopyon fast ganz verschwunden. Iris weniger entfärbt. Ueb. von Aq. Sat.

44. Wilhelmine Wr., 30 Jahr, Näherin aus Zöheda.

Mittelgradiges Trachom beider Augen seit 8 Tagen.

Ursache unbekannt.

Kam den 14. Juli in Behandlung.

Ther.: Caut. mit Plumb. acet. Kalte Ueb.

Den 18. Juli. Entzündung und Granulirung in Abnahme. Kalte Ueb.

Den 20. Juli. Granulationen vermindert. Collyr. von Sol. lap. div. grj. ad $\overline{3}$j.

Den 8. Aug. Granulationen wieder stärker, namentlich rechts. Collyr. ausgesetzt. Caut. mit Plumb. ac. Kalte Ueb.

Den 11. Aug. Entzündung schwach. Granula etwas schwächer. Collyr. von Sol. lapid. divin. grj. ad $\overline{3}$j.

Den 15. Aug. Granulationen im Gleichen. Collyr. ausgesetzt. Caut. mit Plumb. ac. Kalte Ueb.

Den 19. Aug. Entzündung und Wucherung in Abnahme. Caut. mit Plumb. acet. Kalte Ueb.

Den 24. Aug. Granula links schwach, rechts noch stärker. Caut. des rechten Auges mit Plumb. ac. Kalte Ueb.

Den 29. Aug. Immer noch einige Granula, namentlich rechts. Caut. mit Plumb. ac. Kalte Ueb.

Den 2. Sept. Etwas Herpes conjunctivae. Calomel.

Den 5. Sept. Im Gleichen. Calomel.

Den 10. Sept. Conjunctiva nur wenig injicirt. Granula sehr unbedeutend. Collyr. von Sol. lap. div. grj. ad $\tilde{3}$j.

Den 8. Oct. Im Gleichen. Pergat.

Den 15. Nov. Conjunctiva nur noch wenig granulös. Collyr. von Sol. zinci sulf. grj. ad $\tilde{3}$j.

Den 9. Jan. 1865. Conjunctiva ziemlich glatt. Collyr. von Sol. arg. nitr. gr. β ad $\tilde{3}$j.

45. Carl Schm., 5 Wochen, Fuhrmannssohn aus Reudnitz.

Blennorrhoe beider Augen seit der Geburt. Wurde schon ärztlich behandelt. Die Absonderung ist noch reichlich, die Conjunctiva zeigt dicke Granulationen.

Ursache unbekannt.

Kam in Behandlung den 20. Juli.

Ther.: Caut. mit Lap. infern. Eisüberschl.

Den 21. Juli. Secretion geringer. Eisüberschläge fort.

Den 22. Juli. Absonderung vermindert. Granula bedeutend schwächer. Collyr. von Sol. lap. inf. grj. ad $\tilde{3}$j.

Den 25. Juli. Noch etwas Ausfluss. Caut. mit Plumb. ac. Kalte Ueb.

Den 27. Juli. Ausfluss nur noch schwach. Entzündung und Granulirung stark vermindert. Collyr. vom sol. arg. nitr. gr. ¼ ad $\tilde{3}$j.

46. Christiane Vo., 45 Jahr, Handarbeitersfrau aus Eilenburg.

Ziemlich starkes Trachom beider Augen seit 8 Tagen.

Ursache unbekannt.

Kam in Behandlung den 23. Juli.

Ther.: Caut. mit Plumb. acet. Ueberschl. von Aq. Saturnina.

Den 1. Sept. Granulationen sehr schwach. Entzündung gering. Collyr. von Sol. zinci sulf. grj. ad $\tilde{3}$j.

47. Helene Da., 12 Jahr, Schwester von 23.

Mittelgradiges Trachom beider Augen seit 3 Tagen.

Ursache: Ansteckung vom Bruder 23.

Kam in Behandlung den 25. Juli.

Ther.: Caut. mit Plumb. acet. Kalte Ueb.

Den 27. Juli. Entzündung geringer. Caut. mit Plumb. acet. Kalte Ueb.

Den 29. Juli. Granulationen wieder etwas stärker. Caut. mit Plumb. acct. Kalte Ueb.

Den 1. Aug. Wenig Abnahme der Granulationen. Caut. mit Plumb. acet. Kalte Ueb.

Den 3. Aug. Granulirung immer noch stark. Caut. mit Plumb. acct. Kalte Ueb.

Den 4. Aug. Granulationen etwas schwächer. Kalte Ueber-schläge fort.

Den 5. Aug. Im Gleichen. Sanfte Caut. mit Plumb. acet. Kalte Ueb.

Den 9. Aug. Granulationen dick, froschlaichähnlich. Caut. mit Plumb. acet. Kalte Ueb.

Den 15. Aug. Die Wucherung hat stark abgenommen. Collyr. von Sol. zinci sulf. grj. ad. $\mathrecipe{3}$j.

Den 23. Aug. Granulirung sehr schwach. Entzündung in Abnahme. Pergat.

Den 31. Aug. Conjunctiva nur noch wenig rauh. Pergat.

Den 16. Sept. Conjunctiva gesund.

48. Kr., ungetauft, 4 Wochen alt, Lithographentochter aus Leipzig.

Mässige Blennorrhoe beider Augen seit 4 Tagen nach der Geburt. Ausfluss mässig, Schwellung der Conjunctiva ebenso, eigentliche Granulationen nicht sichtbar.

Ursache unbekannt.

Kam den 25. Juli in Behandlung.

Ther.: Caut mit Plumb. acet. Kalte Ueb.

Den 27. Juli. Entzündung und Schwellung geringer, namentlich links. Caut. mit Plumb. acet. Kalte Ueb.

Den 29. Juli. Nur noch wenig Entzündung und Schwellung. Wenig Schleimsekretion. Collyr. von Sol. plumb. acet. grjj. ad $\mathrecipe{3}$j.

Den 30. Juli. Besserung im Fortgang. Collyr. fortgebraucht.

49. Carl Zei., 5 Jahr, Schriftsetzers Sohn aus Leipzig.

Geringes Trachom beider Augen seit 3 Tagen. Links Episkleritis, eine kleine Prustel in der Nähe des Cornealrandes.

Ursache: Ansteckung von seinen Haus- und Spielgenossen, den Kindern Hei. 17 und 18.

Kam in Behandlung den 26. Juli.

Ther.: Caut. mit Plumb. acet. Kalte Ueb.

Den 27. Juli. Etwas besser. Caut. mit Plumb. acet. Kalte Ueberschl.

Den 30. Juli. Die Granulationen sind geringer. Caut. mit Plumb. acet. Kalte Ueb.

Den 2. Aug. Granulirung nur noch gering. Caut. mit Plumb. acet. Kalte Ueb.

Den 4. Aug. Entzündung sehr gebessert. Granula nur noch schwach sichtbar. Kalte Ueb. fort.

Den 8. Aug. Conjunctiva fast ganz glatt. Kalte Ueb.

Den 15. Aug. Conjunctiva nur noch wenig entzündet. Collyr. von Sol. arg. nitr. gr. ¹/₃ ad ℥j.

50. Oskar Ile., 7 Jahr, Schriftsetzers Sohn aus Leipzig.

Schwaches Trachom beider Augen mit etwas Episkleritis, seit 3 Tagen.

Ursache: Vielleicht Ansteckung von den Kindern der Hausgenossen, die entzündete Augen hatten.

Kam den 26. Juli in Behandlung.

Ther.: Caut. mit Plumb. acet. Kalte Ueb.

Den 28. Juli. Die Actzschorfe liegen noch. Kalte Ueb.

Den 2. Aug. Die Granulationen haben abgenommen. Caut. mit Plumb. acet. Kalte Ueb.

Den 5. Aug. Nur noch geringe Granulirung. Kalte Ueb. fort.

51. Koc., ungetauft, 8 Tage alt, Soldatensohn aus Möckern.

Blennorrhoe beider Augen seit 4 Tagen. Ausfluss sehr stark. Conjunctiva stark geschwollen ohne eigentliche Granulirung.

Ursache: Die Mutter litt zur Zeit der Geburt an Leucorrhoe.

Kam den 27. Juli in Behandlung.

Ther.: Caut mit Lap. infern. Kalte Ueb.

Den 28. Juli. Entzündung bedeutend geringer. Caut. mit Sol. arg. nitr. ℨj. ad ℥j. Kalte Ueb.

Den 29. Juli. Geschwulst der Lider gering. Aussonderung unbedeutend. Caut. mit derselben Sol. Kalte Ueb.

Den 1. Aug. Conjunctiva nur noch wenig aufgelockert. Aussonderung gering. Collyr. von Sol. arg. nitr. grj. ad ℥j.

Den 5. Aug. Nur noch schwache Entzündung und Sekretion. Collyr. von Sol. arg. nitr. grβ. ad ℥j.

52. Marie Fss., 12 Jahr, Handarbeiterstochter aus Leipzig.

Conjunctivitis des linken Auges mit schwachen Granulationen seit 8 Tagen.

Ursache unbekannt.

Kam den 27. Juli in Behandlung.

Ther.: Caut. mit Plumb. acet. Kalte Ueb.

Den 28. Juli. Granulirung und Entzündung bedeutend vermindert. Kalte Ueb. fort.

53. Max Schf., 10 Jahr, Schlosserssohn aus Neureudnitz.

Geringes Trachom beider Augen seit 14 Tagen.

Ursache: Vielleicht Ansteckung vom Vater, der entzündete Augen hat.

Kam den 28. Juli in Behandlung.

Ther.: Caut. mit Plumb. acet. Kalte Ueb.

D. 1. Aug. Granulationen sehr verringert. Kalte Ueb.

Den 5. August Entzündung und Granulirung sehr gering. Kalte Ueb.

54. Gustav Vo., 17 Jahr. Maurerlehrling aus Grosszschocher. Conjunctivitis beider Augen mit kleinen Granulationen seit 14 Tagen.

Ursache: Vielleicht Ansteckung von einem Bettgenossen, der nach Aussage des Patienten entzündete Augen hatte.

Kam in Behandlung d. 29. Juli.

Ther.: Caut. mit Plumb. acet. Kalte Ueb.

D. 1. Aug. Die Granulationen sind fast verschwunden. Kalte Ueb. fort.

D. 2. Aug. Conjunctiva wenig entzündet, wenig rauh. Kalte Ueb.

55. Hermann Hew., 34 Jahr, Schieferdecker aus Liegnitz. Alte Trübungen beider Hornhäute mit Varikositäten. Ziemlich starkes Trachom beider Augen mit starker Schwellung und Wulstung der Conjunctiva. Besteht seit zwei Jahren, wurde schon ärztlich behandelt.

Ursache unbekannt.

Kam den 30. Juli zur Behandlung.

Ther.: Caut. der untern Augenlider mit Plumb. ac. Kalte Ueb.

D. 1. Aug. Die Conjunctiva der oberen Lider zeigt sich auch granulirt. Caut. der oberen Lider mit Plumb. acet. Kalte Ueb.

D. 3. Aug. Entzündung und Wucherung geringer. Kalte Ueb. fort.

D. 8. Aug. Auf den untern Lidern liegt noch Schorf. Conjunctiva der obern Lider noch ziemlich rauh. Caut. der obern Lider mit Plumb. acet. Kalte Ueb.

D. 10. Aug. Die Granulationen bessern sich. Kalte Ueb.

D. 12. Aug. Nur noch schwache Granulirung. Caut. der obern und untern Lider mit Plumb. ac. Kalte Ueb.

D. 18. Aug. Conjunctiva nur noch wenig gewulstet, Granulationen nicht mehr sichtbar. Collyr. von Sol. lap. div. gr. j ad ℥j.

56. Carl Wei., 44 Jahr, Schneider von hier, Vater von 61.

Mässiges Trachom des rechten Auges seit 3 Tagen. Conjunctiva bulbi et palpebr. stark geschwollen und injicirt.

Ursache: Ansteckung von der Tochter 61.

Kam in Behandlung den 1. Aug.

Ther.: Caut. mit Plumb. acet. Kalte Ueb.

D. 5. Aug. Die Granula haben bedeutend abgenommen, ebenso die Entzündung der Conjunctiva. Caut. mit Plumb. acet. Kalte Ueb.

D. 8. Aug. Die Granulationen sind geringer. Kalte Ueb.

D. 15. Aug. Nur noch einige schwache Granula. Caut. mit Plumb. acet. Kalte Ueb.

57. Gottlieb O., 49 Jahr, Schuhmacher aus Groitzsch.

Ziemlich lebhaftes Trachom des rechten Auges seit 8 Tagen mit starker Injection und Schwellung der Conjunctiva bulbi.

Ursache unbekannt.

Kam den 1. Aug. in Behandlung.

Ther.: Scarification der Conjunctiva des unteren Augenlids. Kalte Ueb.

Den 2. Aug. Etwas Besserung. Caut. mit Lap. inf. Kalte Ueberschläge.

Den 6. Aug. Entzündung und Granulirung noch stark. Caut. mit Plumb. acet. Eisüberschläge.

Den 8. Aug. Granulationen am untern Lide noch stark, am obern schwächer. Caut. beider Lider mit Plumb. acet. Kalte Ueb.

Den 15. Aug. Entzündung und Granulirung viel schwächer. Caut. mit Plumb. acet. Kalte Ueb.

Den 22. Aug. Nur noch wenig Wulstung und Granulirung. Caut. mit Plumb. acet. Kalte Ueb.

Den 3. Oct. Conjunctiva nur noch wenig rauh.

Den 30. Jan. 1865. Seit einigen Tagen wieder mässige Granulationen. Caut. mit Plumb. acet. Kalte Ueb.

58. Wilhelmine Du., 22 Jahr, Dienstmädchen aus Hohenlohe.

Hochgradige Blennorrhoe beider Augen seit 8 Tagen, mit bedeutendem Eiterausfluss, starker Chemosis inflammatoria und stark entwickelten Granulationen. Die letzteren sind namentlich links bedeutend, daselbst auch eine Keratitis parenchymatosa.

Ursache: Patientin hat Leucorrhoe.

Kam den 2. Aug. in Behandlung.

Ther.: Caut. mit Lap. infern. Eisüberschläge.

Den 3. Aug. Rechts Schwellung und Granulirung bedeutend in Abnahme, links noch ziemlich stark. Caut. mit Plumb. acet. Kalte Ueb.

Den 5. Aug. Wulstung der Conjunct. beiderseits noch stark. Es wird auf beiden Augen ein Stück der Conjunct. palpebr. infer. herausgeschnitten. Kalte Ueb.

Den 6. Aug. Eitersekretion noch sehr stark. Kalte Ueb.

Den 7. Aug. Immer noch starke Schwellung der Conjunctiva. Caut. mit Sol. arg. nitr. $\mathfrak{Z}$j ad $\mathfrak{Z}$j. Kalte Ueb.

Den 8. Aug. Schwellung geringer. Caut. mit derselben Solut. Kalte Ueb.

Den 13. Aug. Rechts Geschwulst und Eiterabsonderung geringer. Links Conjunctiva bulbi et palp. stark geschwollen und granulirt, Eitersekretion noch stark. Keratitis im Fortschreiten. Caut. mit der Solut. Eisüberschläge.

Den 30. Aug. Rechts Entzündung beseitigt. Links noch leichte Schwellung der Conjunctiva, prolapsus iridis. Collyr. von Sol. arg. nitr. Gr. ¼ ad $\mathfrak{Z}$j.

Den 6. Sept. Entzündung und Schwellung geringer. Collyr. von Sol. arg. nitr. Gr.β ad $\mathfrak{Z}$j.

Den 27. Sept. Im Gleichen. Collyr. von Sol. zinci sulf. Gr. j. ad $\mathfrak{Z}$j.

Den 12. Oct. Entzündung in Abnahme, Schwellung sehr unbedeutend. Pergat.

Den 1. Nov. Im Gleichen. Pergat.

59. **Paul Gro.**, 9 Jahr, Buchdruckers Sohn aus Reudnitz.
Mässiges Trachom des rechten Auges seit 14 Tagen.
Ursache unbekannt.
Kam den 2. Aug. in Behandlung.
Ther.: Caut. mit Cupr. sulf. Kalte Ueb.

Den 3. Aug. Im Gleichen. Caut. mit Cupr. sulf. Kalte Ueb.

Den 4. Aug. Auch auf dem linken Auge zeigen sich Granulationen. Caut. beider Augen mit Plumb. acet. Kalte Ueb.

Den 8. Aug. Granulationen geringer. Die Schorfe liegen noch. Kalte Ueb. fort.

Den 12. Aug. Noch einige Granula. Sanfte Caut. mit Plumb. acet. Kalte Ueb.

Den 15. Aug. Conjunctiva nur noch wenig rauh. Rechts Herpes conjunctivae. Calomel.

Den 16. Aug. Im Gleichen. Calomel.

Den 17. Aug. Herpes geheilt. Collyr. von Sol. zinci sulf. Gr.j ad $\mathfrak{Z}$j.

Den 23. Aug. Conjunctiva ziemlich glatt. Pergat.

Den 31. Aug. Conjunctiva bis auf etwas Injection gesund.

60. **Henriette Ca.**, 51 Jahr. Handarbeitersfrau aus Taucha.
Wurde vom 10. Juni an Conjunctivitis und Episkleritis beider Augen behandelt. Am 29. Juli zeigten sich an beiden Augen mässige Granulationen.
Ursache unbekannt.
Ther.: Caut. mit Plumb. acet. Kalte Ueb.

Den 2. Aug. Die Granulationen bessern sich. Caut. mit Plumb. acet. Kalte Ueb.

Den 12. Aug. Noch einige dicke Granula. Episkleritis auf beiden Augen. Ueberschl. von Aq. Saturn.

Den 15. Aug. Granulationen im Gleichen. Noch etwas Episkleritis. Ueberschl. von Aq. Saturn. fort.

Den 6. Sept. Immer noch starke Granula. Caut. mit Plumb. acet. Kalte Ueb.

Den 23. Sept. Wenig Wucherung mehr.

Den 10. Oct. Conjunctiva nur noch etwas rauh und injicirt. Collyr. von Sol. arg. nitr. gr. $\frac{1}{3}$ ad $\mathfrak{Z}$j.

Den 5. Jan. 1865 zeigte sich von Neuem eine starke Granulirung. Caut. mit Plumb. acet. Kalte Ueb.

61. Bertha Wei., 5 Jahre, Tochter von 56.

Conjunctivitis des linken Auges mit wenig Granulationen seit 8 Tagen; soll in den ersten Tagen viel Schleim abgesondert haben.

Ursache unbekannt.

Kam den 2. Aug. in Behandlung.

Ther.: Collyr. von Sol. arg. nitr. gr. $\frac{1}{4}$ ad $\mathfrak{Z}$j.

62. Anna Q., 10 Jahr, Restaurateurstochter aus Leipzig.

Blennorrhoe des linken Auges seit 4 Tagen, mit reichlichem Ausfluss und starker Clemosis infammatoria. Eigentliche Granulationen sind nicht sichtbar, Cornea und Iris gesund.

Ursache unbekannt.

Kam den 15. Juli in Behandlung.

Ther.: Scarification der Conjunct. des unteren Lids. Eisüberschläge.

Den 19. Juli. Auch auf dem rechten Auge entwickelt sich Entzündung. Caut. beider Augen mit Sol. arg. nitr. $\mathfrak{Z}$j ad $\mathfrak{Z}$j. Eisüberschl.

Den 21. Juli. Conjunct. palpebr. et bulbi rechts mässig geschwollen. Die linke Cornea zeigt unten eine Trübung. Caut. mit derselben Solut. Eisüberschl. fort.

Den 22. Juli. Entzündung ziemlich heftig. Hirud. minor. no jjj an jedes Auge. Atropin. Eisüberschl.

Den 24. Juli. Schwellung der Conjunct. bulbi beiderseits im Abnehmen. Eisüberschl. fort.

Den 26. Juli. Die Besserung macht Fortschritte. Atropin. Eisüberschl.

Den 28. Juli. Geschwulst der Conjunct. bulbi rechts ganz weg, links schwach. Absonderung gering. Pergat.

Den 1. Aug. Links Perforatio corneae. Eisüberschl. fort.

Den 5. Aug. Die Besserung macht Fortschritte. Conjunctiva palpebr. noch etwas granulös. Caut. mit Plumb. acet. Kalte Ueb.

Den 8. Aug. Schwellung der Conjunct. palpebr. geringer. Caut. mit Sol. arg. nitr. ʒj ad ʒj. Kalte Ueb.

Den 10. Aug. Im Gleichen. Caut. mit derselben Sol. Kalte Ueberschl.

Den 12. Aug. Conjunctiva bulbi weniger injicirt. Caut. mit derselben Sol. Kalte Ueb.

Den 17. Aug. Entzündung viel geringer. Conjunctiva palp. noch etwas granulös. Collyr. von Sol. arg. nitr. gr β ad ʒj.

Den 22. Aug. Die Granulationen bessern sich. Pergat.

Den 24. Aug. Entzündung geringer. Conjunctiva noch etwas rauh ohne deutliche Granulationen. Pergat.

Den 2. Sept. Conjunctiva ziemlich glatt. Die Lider beider Augen geröthet. Ueberschl. von Aq. Saturn.

Den 16. Sept. Abnahme der Entzündung. Pergat.

63. **Anna Zei.**, 8 Jahr, Schwester von 49.

Schwaches Trachom des rechten Auges seit dem Morgen des 8. Aug.

Ursache: Ansteckung von dem Bruder 49.

Kam den 8. Aug. in Behandlung.

Ther.: Caut. mit Plumb. acet. Kalte Ueb.

Den 9. Aug. Noch Granulationen sichtbar. Caut. mit Plumb. acet. Kalte Ueb.

Den 15. Aug. Granulationen verschwunden. Conjunctiva nur wenig injicirt.

64. **Selma Fo.**, 17 Jahr, Küsterstochter aus Leipzig.

Wurde seit einigen Tagen an Herpes conjunct. des linken Auges behandelt. Am 8. Aug. zeigten sich auf beiden Augen geringe Granulationen.

Ursache unbekannt.

Ther.: Sanfte Caut. mit Plumb. acet. Kalte Ueb.

Den 9. Aug. Granulationen geringer. Collyr. von Sol. zinci sulf. grj ad ʒj.

Den 15. Aug. Nur noch wenig Granula. Pergat. Links Calomel.

Den 16. Aug. Conjunctivitis sehr gering. Dieselbe Therapie.

Den 17. Aug. Im Gleichen. Collyrium fortgesetzt.

Den 19. Aug. Conjunctiva nur wenig rauh. Pergat.

Den 24. Aug. Conjunctiva glatt, wenig injicirt. Links etwas Herpes conjunct. Collyrium fortgesetzt.

65. **Hedwig Sta.**, 13 Jahr, Bodenmeisters Tochter aus Leipzig.

Conjunctivitis beider Augen mit geringen Granulationen seit 8 Tagen.

Ursache unbekannt.

Kam den 8. Aug. in Behandlung.

Ther.: Caut. mit Plumb. acet. Kalte Ueb.

Den 15. Aug. Granula sehr schwach. Collyr. von Sol. arg. nitr. gr. $\frac{1}{3}$ ad $\mathrecptacle{3}j$.

Den 20. Aug. Entzündung und Wucherung ganz gering. Auf beiden Augen etwas Conjunctivitis part. Calomel.

Den 22. Aug. Conjunctive nur noch wenig rauh. Collyr. fort.

66. Max Sta., 3 Jahr, Bruder von 65.

Conjunctivitis des linken Auges mit kleinen Granulationen seit dem Morgen des 8. Aug.

Ursache: Ansteckung von der Schwester 65.

Kam den 8. Aug. in Behandlung.

Ther.: Caut. des linken Auges mit Plumb. acet. Kalte Ueb.

Den 9. Aug. Entzündung und Granulirung sehr gering. Kalte Ueb.

Den 22. Aug. Conjunctiva glatt.

67. Rosalie Gri. 52 Jahr, Tischlersfrau aus Leipzig.

Schwaches Trachom des rechten Auges seit 4 Tagen.

Ursache unbekannt.

Kam den 8. Aug. in Behandlung.

Ther.: Collyr. von Sol. zinci sulf. grj. ad $\overline{3}j$.

68. Wilhelm U., 33 Jahr, Tischler aus Leipzig.

Mässiges Trachom beider Augen seit 14 Tagen.

Ursache unbekannt.

Kam den 8. Aug. in Behandlung.

Ther.: Caut. mit Plumb. acet. Kalte Ueb.

Den 9. Aug. Etwas besser. Caut. mit Plumb. acet. Kalte Ueberschläge.

Den 12. Aug. Links liegt noch Schorf. Rechts noch starke Granulationen. Caut. des rechten Auges mit Plumb. acet. Kalte Ueberschläge.

Den 15. Aug. Noch einige Granulationen sichtbar. Caut. beider Augen mit Plumb. acet. Kalte Ueb.

Den 17. Aug. Die Granulationen bessern sich. Kalte Ueb.

Den 20. Aug. Nur noch geringe Wucherung. Caut. mit Plumb. acet. Kalte Ueb.

69. Anna Fü., 15½ Jahr, Tochter von 26.

Conjunctivitis des linken Auges mit starker Schwellung der Conjunct. palpebr. et bulbi und schwachen Granulationen seit dem 7. Aug.

Ursache: Ansteckung von den Schwestern 24 und 25.

Kam in Behandlung den 8. Aug.

Ther.: Kalte Ueberschläge.

Den 9. Aug. Die Granulationen zeigen sich stärker. Caut. mit Plumb. acet. Kalte Ueb.

Den 11. Aug. Entzündung stark, viel Schleim- und Eiterabsonderung. Kalte Ueb.

Den 13. Aug. Entzündung und Ausfluss geringer. Die Schorfe liegen noch zum Theil. Kalte Ueb. fort.

Den 15. Aug. Conjunctiva bulbi weniger injicirt, die Granulationen sind kleiner. Sanfte Caut. mit Plumb. acet. Kalte Ueb.

Den 19. Aug. Granulationen geringer. Kalt. Ueb.

Den 24. Aug. Die Entzündung und Wucherung bessert sich weiter. Collyr. von Sol. zinci sulf. grj. ad ℥j.

Den 29. Aug. Conjunctiva nur noch wenig rauh. Pergat.

Den 5. Sept. Entzündung gering. Conjunctiva noch etwas gewulstet. Pergat.

Den 9. Sept. Derselbe Zustand. Collyr. von Sol. arg. nitr. grβ. ad ℥j.

Den 15. Sept. Besser. Pergat.

Den 22. Sept. Conjunct. stärker injicirt und geschwollen. Collyr. ausgesetzt. Cuc. cruent. no j. Ueberschläge von Aq. Sat. c. tct. op.

Den 29. Sept. Entzündung geringer. Ueberschläge fort.

Den 3. Oct. Im Gleichen. Pergat.

Den 15. Oct. Nur noch wenig Wulstung der Conjunctiva. Collyr. von Sol. zinci. sulf. grj. ad ℥j.

Den 1. Nov. Conjunktiva gesund.

70. Carl Wl., 16 Jahr, Schuhmacherlehrling aus Leipzig.

Schwaches Trachom beider Augen seit 3 Monaten. Ursache unbekannt.

Kam in Behandlung den 9. Aug.

Ther.: Collyr. von Sol. arg. nitr. grβ. ad. ℥j. Kalte Ueb.

Den 11. Aug. Granula geringer. Pergat.

Den 25. Aug. Keine Granula. Etwas Schwellung und Injection der Conjunktive. Pergat.

71. Ferdinand Krn., 21 Jahr. Tapezierer aus Magdeburg.

Bekam in Folge eines Mückenstichs eine heftige Conjunctivitis des rechten Auges mit Episkleritis und nachfolgender Iritis. Wurde im Hospital behandelt und am 1. Aug. geheilt entlassen. Am 10. Aug. fand sich die Conjunctiva des rechten Auges mässig granulirt.

Ursache unbekannt.

Ther.: Caut. des rechten Auges mit Plumb. acet. Kalte Ueb.

Den 12. Aug. Granulationen geringer. Kalte Ueb. fort.

Den 13. Aug. Noch einige Granula. Caut. des untern und obern Lides mit Plumb. acet. Kalte Ueb.

Den 15. Aug. Die Besserung schreitet fort. Caut. mit Plumb. acet. Kalte Ueb.

Den 22. Aug. Conjunctiva nur noch wenig rauh. Caut. mit Plumb. acet. Kalte Ueb.

72. **Luise Pü..** 15 Jahr, Markthelferstochter aus Leipzig.

Geringes Trachom beider Augen, wurde schon ärztlich behandelt.

Ursache: Ansteckung in der Dienstbotenanstalt.

Kam den 12. Aug. in Behandlung.

Ther.: Caut. mit Plumb. acet. Kalte Ueb.

Den 15. Aug. Conjunctiva stark aufgelockert. Granulationen geringer. Caut. mit Plumb. acet. Kalte Ueb.

Den 17. Aug. Rechts Conjunct. partialis mit etwas Episkleritis Calomel.

Den 19. Aug. Auflockerung und Granulirung der Conjunctiva geringer. Rechts Calomel.

Den 22. Aug. Im Gleichen. Rechts Calomel.

Den 24. Aug. Granula ziemlich beseitigt. Collyr. von Sol. zinci sulf. grj. ad $\mathfrak{Z}$j.

Den 29. Aug. Granulationen nicht mehr sichtbar. Conjunctivitis gering. Pergat.

73. **Marie Schn.,** 15 Jahr, Dienstmädchen aus Gohlis.

Geringes Trachom beider Augen, wurde schon ärztlich behandelt.

Ursache: Ansteckung in der Dienstbotenanstalt.

Kam den 12. Aug. in Behandlung.

Ther.: Sanfte Caut. mit Plumb. acet. Kalte Ueb.

Den 15. Aug. Besser. Sanfte Caut. mit Plumb. ac. Kalte Ueberschläge.

Den 18. Aug. Im äussern Augenwinkel des linken Auges noch einige Granula. Caut. dieser Stelle mit Plumb. ac. Kalte Ueberschläge.

Den 22. Aug. Conjunctiva fast glatt, wenig Entzündung. Kalte Ueb.

Den 24. Aug. Keine Granulationen. Schwache Injection der Conjunctiva. Collyr. von Sol. zinci sulf. grj. ad $\mathfrak{Z}$j.

74. **Selma Fr.,** 15 Jahr, Handarbeiterstochter aus Abtnaundorf.

Geringes Trachom beider Augen, wurde schon ärztlich behandelt.

Ursache: Ansteckung in der Dienstbotenanstalt.

Kam den 12. Aug. in Behandlung.

Ther.: Sanfte Caut. mit Plumb. acet. Kalte Ueb.

Den 15. Aug. Granulationen sehr gering, nur in den äussern Augenwinkeln stärker entwickelt. Caut. dieser Stellen mit Plumb. acet. Kalte Ueb.

Den 18. Aug. Nur in den äussern Augenwinkeln einige Granula. Sanfte Caut. mit Plumb. acet. Kalte Ueb.

Den 22. Aug. Conjunctiva ziemlich glatt, wenig injicirt. Collyr. von Sol. arg. nitr. gr. $^1/_4$ ad ℥j.

75. Laura Arn., 15 Jahr. Schumacherstochter aus Leipzig.

Geringes Trachom beider Augen, wurde schon ärztlich behandelt.

Ursache: Ansteckung in der Dienstbotenanstalt.

Kam den 12. Aug. in Behandlung.

Ther.: Collyr. von Sol. arg. nitr. gr. $^1/_1$ ad ℥j.

Den 16. Aug. Die Conjunctivitis bessert sich. Pergat.

Den 19. Aug. Nur noch geringe Rauhigkeit der Conjunctiva. Pergat.

Den 23. Aug. Conjunctiva ziemlich glatt, wenig injicirt. Pergat.

76. Luise Eb., 15 Jahr, Schlosserstochter aus Schkeuditz.

Trachom geringen Grades beider Augen, wurde schon ärztlich behandelt.

Ursache: Ansteckung in der Dienstbotenanstalt.

Kam in Behandlung den 12. Aug.

Ther.: Collyr, von Sol. arg. nitr. gr. $^1/_4$ ad ℥j.

Den 19. Aug. Entzündung und Wucherung geringer. Pergat.

Den 30. Aug. Nur noch unbedeutende Rauhigkeiten. Pergat.

77. Auguste Hrch., 15 Jahr, Maurerstochter aus Wittenberg.

Schwaches Trachom beider Augen, wurde schon ärztlich behandelt.

Ursache: Ansteckung in der Dienstbotenanstalt.

Kam den 12. Aug. in Behandlung.

Ther.: Collyr. von Sol. arg. nitr. gr. $^1/_4$ ad ℥j.

Den 16. Aug. Injection und Schwellung stark. Granula schwach. Caut. mit Plumb. acet. Kalte Ueb.

Den 17. Aug. Schwellung geringer. Links Episkleritis. Ueb. von Aq. Saturn.

Den 22. Aug. Episkleritis gering. Links etwas Herpes conjunct. Calomel.

Den 24. Aug. Im Gleichen. Granulirung sehr schwach. Calomel.

Den 25. Aug. Dieselbe Therapie.

Den 29. Aug. Keine Granulationen mehr. Conjunctiva etwas stärker injicirt. Ueberschl. von Aq. Saturn.

Den 31. Aug. Conjunctiva nur noch wenig geröthet.

78. Friederike Brn., 41 Jahr, Schneidersfrau aus Cleuthen.

Trachom beider Augen seit 14 Tagen. Die Granulationen sind stark, namentlich rechts froschlaichartig.

Ursache unbekannt.

Kam den 16. Aug. in Behandlung.

Ther.: Caut. mit Plumb. acet. Kalte Ueb.

Den 17. Aug. Die Granulationen bessern sich. Kalte Ueb.

Den 17. Sept. Granulirung bedeutend geringer. Caut. mit Plumb. acet. Kalte Ueb.

Den 20. Sept. Die Besserung schreitet fort. Collyr. von Sol. arg. nitr. gr. β ad $\bar{3}$j.

Den 4. Oct. Conjunctiva nur noch wenig rauh. Pergat.

79. Helene Mü., 13 Jahr, Obersignalistenstochter aus Leipzig.

Wird schon seit einigen Jahren an Trübungen beider Hornhäute behandelt, litt auch im April und Mai dieses Jahres an Trachom. Am 16. Aug. zeigten sich mässige Granulationen auf der Conjunktiva beider Augen.

Ursache unbekannt.

Ther.: Caut. mit Plumb. acet. Kalte Ueb.

Den 18. Aug. Die Granula sind noch.stark, namentlich in der Plica bulbo-palpebr. Caut. mit Plumb. ac. Kalte Ueb.

Den 22. Aug. Die Granulationen sind immer noch stark. Caut. mit Plumb. acet. Kalte Ueb.

Den 31. Aug. Wucherung etwas geringer. Caut. mit Plumb. ac. Kalte Ueb.

Den 2. Sept. Die Granulirung ist wieder etwas stärker. Caut. mit Sol. arg. nitr. gr. x ad $\bar{3}$j. Kalte Ueb.

Den 9. Sept. Etwas Besserung. Caut. mit derselben Sol. Kalte Ueb.

Den 15. Sept. Granula geringer. Caut. mit derselben Sol. Kalte Ueb.

Den 20. Sept. Die Besserung schreitet fort. Collyr. von Sol. arg. nitr. gr. β ad $\bar{3}$j.

Den 4. Oct. Mehr Injektion und Wucherung. Caut. mit der Solut. Kalte Ueb.

Den 14. Oct. Rechts etwas Episkleritis. Collyr. ausgesetzt. Ueberschl. von Aq. Saturn.

Den 17. Oct. Episkleritis in Abnahme. Conjunctiva etwas rauh. Caut. mit Cupr. sulf. Kalte Ueb.

Den 20. Oct. Immer noch etwas Wucherung. Caut. mit der Solut. Kalte Ueb.

Den 22. Oct. Entzündung und Wucherung nimmt ab. Caut. mit der Solut. Kalte Ueb.

Den 23. Oct. Im Gleichen. Caut. mit der Sol. Kalte Ueb.

Den 26. Oct. Keine Granula mehr sichtbar. Entzündung gering. Collyr. von Sol. lap. div. gr. j ad $\overline{3}$j.

80. Wilhelmine Ru., 19 Jahr, Dienstmädchen aus Sprottau.

Wurde seit einiger Zeit an Conjunctivitis catarrh. mit Sol. zinci sulf. gr. j ad $\overline{3}$j behandelt. Am 16. Aug. zeigte sich ein ziemlich starkes Trachom beider Augen.

Ursache unbekannt.

Ther.: Caut. mit Plumb. acet. Kalte Ueb.

Den 18. Aug. Granula geringer. Caut. mit Plumb. acet. Kalte Ueb.

Den 22. Aug. Entzündung und Granulirung bedeutend gebessert. Collyr. von Sol. zinci sulf. gr. j ad $\overline{3}$j.

Den 17. Sept. Nur noch sehr schwache Granulationen. Perg.

81. Carl Ap., 12 Jahr, Schriftsetzers Sohn aus Connewitz.

Conjunctivitis des rechten Auges mit starkem blennorrhoischen Ausfluss und starker Schwellung und Wulstung der Conjunctiva palpebr. et bulbi ohne eigentliche Granulationen. Episkleralgefässe etwas injicirt. Besteht seit 8 Tagen.

Ursache: Ist nach einem Erysipel. faciei zurückgeblieben.

Kam den 16. Aug. in Behandlung.

Ther.: Caut. mit Plumb. acet. Kalte Ueb.

Den 18. Aug. Schwellung ziemlich im Gleichen. Ueberschl. von Aq. Saturn.

Den 23. Aug. Schwellung der Conjunctiva und Episkleritis geringer. Pergat.

Den 25. Aug. Die Besserung schreitet fort. Wenig Schleimsekretion. Pergat.

Den 3. Sept. Entzündung etwas vermehrt. Pupille ein wenig enge. Pergat. Atropin.

Den 7. Sept. Entzündung geringer. Aq. Sat. fort.

Den 12. Sept. Schwellung und Schleimabsonderung bedeutend in Abnahme. Pergat.

Den 22. Sept. Conjunctiva nur wenig injicirt, wenig Schleimsekretion. Pergat.

Den 27. Sept. Im Gleichen. Pergat.

82. Carl Pl., 4 Wochen, Dienstknechtssohn aus Düben.

Blennorrhoe beider Augen seit 3 Wochen. Ausfluss ziemlich reichlich. Lider stark geschwollen.

3

Ursache unbekannt.

Kam den 16. Aug. in Behandlung.

Ther.: Caut. mit Sol. arg. nitr. Ʒj. ad Ʒj. Eisüberschläge.

Den 17. Aug. Geschwulst viel geringer, links eine Perforatio corneae. Collyr. von Sol. arg. nitr. grᵦ. ad Ʒj. Kalte Ueb.

Den 18. Aug. Schwellung fast verschwunden. Schleimsekretion noch vorhanden. Caut. mit Sol. arg. nitr. Ʒj. ad Ʒj. Kalte Ueberschläge.

Den 19. Aug. Weniger Schleimabsonderung. Coll. von Sol. arg. nitr. Gr.β ad Ʒj.

Den 20. Aug. Entzündung gering. noch etwas Ausfluss. Caut. mit Sol. arg. nitr. Ʒj ad Ʒj. Kalte Ueb.

Den 25. Aug. Schwellung und Wulstung, sowie Eitersekretion sehr gering. Collyr. wie oben.

Den 27. Aug. Besserung im Fortgange. Pergat.

83. Margarethe Bdt., 12 Jahr, Kaufmannstochter aus Leipzig. Geringes Trachom des linken Auges seit 3 Monaten.
Ursache unbekannt.

Kam den 17. Aug. in Behandlung.

Ther.: Caut. mit Plumb. acet. Kalte Ueb.

Den 19. Aug. Besser. Sanfte Caut. mit Plumb. acet. Kalte Ueb.

Den 22. Aug. Wucherung bedeutend geringer. Nur noch einige kleine Bläschen sichtbar. Kalte Ueb. fort.

84. Oskar Deu., 11 Jahr, Cigarrenmachers Sohn aus Leipzig. Geringes Trachom des linken Auges mit Episkleritis seit 2 Tagen.
Ursache unbekannt.

Kam den 17. Aug. in Behandlung.

Ther.: Ueberschl. von Aq. Saturn.

Den 18. Aug. Episkleritis noch stark. Cuc. cruent. no j. Kalte Ueb.

Den 20. Aug. Conjunctivitis und Episkleritis geringer. Herp. conjunct. Calomel.

Den 22. Aug. Im Gleichen. Calomel.

Den 25. Aug. Conjunctiva wenig rauh, noch etwas geschwollen. Collyr. von Sol. lapid. divino. Gr.j ad Ʒj.

Den 1. Sept. Im Gleichen. Pergat.

Den 3. Sept. Etwas mehr Entzündung. Ueberschl. von Aq. Sat.

Den 5. Sept. Conjunctiva ziemlich glatt, wenig injicirt.

85. Heinrich Sng., 39 Jahr, Handarbeiter aus Herbsleben.
Trachom des rechten Auges seit 5 Jahren. Conjunctiva des obern und untern Augenlids stark gewulstet und mit ziemlich starken

Granulationen besetzt; die obere Hälfte der Cornea ist getrübt und zeigt variköse Gefässe.

Ursache unbekannt.

Kam den 18. Aug. in Behandlung.

Ther.: Caut. beider Lider mit Plumb. acet. Kalte Ueberschl.

86. Friedrich Str., 28 Jahr, Diener aus Leipzig.

Litt seit Mitte April an ziemlich starkem Trachom beider Augen, während dessen sich auf beiden Augen Keratitis entwickelte, die rechts zu einem Prolaps. iridis führte, links mit Iritis komplicirt war. Wurde vom Anfang des Mai bis zum Anfang des August im Hospital behandelt.

Den 22. Aug. Conjunctiva beider Augen noch stark geschwellt und aufgelockert, zeigt noch geringe Granulationen. Beide Hornhäute getrübt. Caut. mit Plumb. acet. Kalte Ueb.

Den 29. Aug. Conjunctiva wenig rauh, aber stark injicirt und gewulstet. Caut. mit Plumb. acet. Kalte Ueb.

Den 7. Sept. Schwellung und Wulstung bedeutend vermindert. Caut. mit Plumb. acet. Kalte Ueb.

87. Carl Ra., 42 Jahr, Wachstucharbeiter aus Altschönefeld.

Mässiges Trachom beider Augen seit 8 Tagen, links etwas stärker.

Ursache unbekannt.

Kam den 23. Aug. in Behandlung.

Ther.: Caut. mit Plumb. acet. Kalte Ueb.

Den 25. Aug. Wucherung geringer. Caut. mit Plumb. ac. Kalte Ueb.

Den 29. Aug. Conjunctiva noch etwas rauh. Caut. mit Plumb. ac. Kalte Ueb.

Den 1. Sept. Im Gleichen. Collyr. von Sol. zinci sulf. grj. ad ℥j.

Den 7. Sept. Conjunctiva ziemlich glatt. Pergat.

88. Zi., ungetauft, 3 Wochen, Handarbeiterstochter aus Lindenau.

Blennorrhoe beider Augen seit 10 Tagen. Schwellung und Absonderung stark, eigentliche Granula nicht sichtbar.

Ursache: Die Mutter hatte zur Zeit der Geburt Leucorrhoe.

Kam den 25. Aug. in Behandlung.

Ther.: Caut. mit Lap. inf. mitig. Eisüberschl.

Den 26. Aug. Absonderung geringer. Caut. mit Lap. Eisüberschläge fort.

Den 29. Aug. Schwellung und Eiterfluss immer noch stark. Caut. mit Lap. Eisüberschl.

3*

Den 30. Aug. Im Gleichen. Caut. mit Sol. arg. nitr. ʒj. ad ℥j. Kalte Ueb.

Den 31. Aug. Weniger Aussonderung. Caut. mit Lap. inf. mit. Kalte Ueb.

Den 1. Sept. Im Gleichen. Caut. Kalte Ueb.

Den 3. Sept. Links wenig Eitersecretion, rechts mehr. Caut. und kalte Ueb.

Den 5. und 6. Sept. Caut. wiederholt. Kalte Ueb.

Den 8. Sept. Rechts immer noch mässige Schleimsecretion. Daselbst eine Perforatio corneae. Caut. Kalte Ueb.

Den 9., 10., 12., 13. Sept. Caut. wiederholt. Kalte Ueb.

Den 14. Wenig schleimiger Ausfluss. Collyr. von Sol. arg. nitr. grβ. ad ℥j.

Den 16. Sept. Wieder etwas mehr Ausfluss. Caut. mit Lap. Kalte Ueb.

Den 17., 19., 20., 21., 22., 23. Sept. Caut. wiederholt. Kalte Ueb.

Den 28. Sept. Conjunctiva nur noch wenig rauh, rechts noch etwas Absonderung. Collyr. von Sol. arg. nitr. grβ. ad ℥j.

89. Christiane Pa., 56 Jahre, Nachtwächterswittwe aus Schmölln.

Geringes Trachom des rechten Auges seit 6 Wochen. Blepharitis ciliaris beider Augen.

Ursache unbekannt.

Kam in Behandlung den 26. Aug.

Ther.: Caut. mit Plumb. acet. Kalte Ueb.

90. Pauline Ro., 27 Jahr, Schuhmacherswittwe aus Leipzig.

Geringes Trachom des linken Auges seit 8 Tagen. Patientin ist stark anämisch.

Ursache unbekannt.

Kam in Behandlung den 26. Aug.

Ther.: Collyr. von Sol. arg. nitr. gr. ¹/₃ ad ℥j.

Den 3. Sept. Die Granulationen nehmen ab. Pergat. Innerlich Tct. ferri pom.

Den 6. Sept. Conjunctiva nur wenig rauh. Pergat.

Den 12. Sept. Im Gleichen. Collyr. von Sol. zinci sulf. grj. ad ℥j.

91. Carl Brg., 18 Jahr, Maurer aus Modelwitz.

Trachom des linken Auges seit 1¹/₂ Jahren. Oberes Augenlid stark geschwollen, Conjunct. geschwollen und gewulstet, Granulationen mässig.

Ursache unbekannt.

Kam den 18. Aug. in Behandlung.

Ther.: Caut. des obern Augenlides mit Plumb. acet. Kalte Ueberschläge.

Den 27. Aug. Caut. des untern Augenlides mit Plumb. ac. Kalte Ueb.

Den 9. Sept. Conjunctiva weniger gewulstet, Granulationen schwächer. Caut. mit Plumb. acet. Kalte Ueb.

Den 15. Sept. Die Besserung schreitet fort. Caut. und kalte Ueberschläge.

Den 20. Sept. Im Gleichen. Caut. Kalte Ueb.

Den 29. Sept. Schleimsekretion vermehrt. Caut. Ueberschl. von Aq. Sat. c. tct. op.

Den 8. Oct. Sekretion geringer. Caut. Ueberschl. fort.

Den 10. Oct. Die Sekretion hat abgenommen. Conjunct. noch mässig geschwollen. Wenig kleine Granula. Caut. Ueberschläge fort.

92. Anna Le., 9 Wochen, Zeugschmiedstochter aus Liebertwolkwitz.

Blennorrhoe beider Augen seit der Geburt, wurde von der Hebamme behandelt. Ausfluss ziemlich bedeutend. Links beginnendes Staphylom, rechts Prolapsus iridis. Schwellung der Conjunctiva mässig.

Ursache unbekannt.

Kam in Behandlung den 29. Aug.

Ther.: Caut. mit Lap. inf. mitig. Kalte Ueb.

Den 30. Aug. Weniger Schwellung. Ausfluss in Abnahme. Caut. mit Sol. arg. nitr. $\mathfrak{Z}$j ad $\mathfrak{Z}$j. Kalte Ueb.

Den 31. Aug. Im Gleichen. Caut. mit der Sol. Kalte Ueb.

Den 2. Sept. Schwellung und Schleimsekretion gering. Collyr. von Sol. arg. nitr. gr. $\frac{1}{4}$, Atrop. gr. $\frac{1}{8}$ ad $\mathfrak{Z}$j.

Den 5. Sept. Mehr Sekretion. Caut. mit obiger Solut. Kalte Ueb.

Den 10. Sept. Ausfluss geringer. Caut. mit der Solut. Kalte Ueb.

Den 21. Sept. Wenig Schwellung und Absonderung. Collyr. von Sol. arg. nitr. et atrop.

Den 27. Oct. Keine Schleimsekretion. Conjunctiva wenig geschwellt. Pergat.

93. Moritz Nau., 26 Jahr, Handarbeiter aus Ganzig.

Wurde an einer Keratitis des rechten Auges behandelt. Am 29. Juni zeigten beide unteren Augenlider Granulationen.

Ursache unbekannt.

Ther.: Caut. mit Plumb. acet. Kalte Ueb.

Den 22. Juli. Granulationen bedeutend gebessert.

Den 29. Aug. Die Wucherung bedeutend geringer. Caut. mit Plumb. acet. Kalte Ueb.

Den 20. Oct. Conjunctiva nur wenig rauh. Collyr. von Sol. zinci sulf. gr. j ad ℥j.

Den 2. Jan. 1865. Wieder etwas mehr Granulationen. Collyr. von Sol. arg. nitr. gr. β ad ℥j.

94. Ett., ungetauft, 4 Wochen, Restaurateurstochter aus Leipzig.

Blennorrhoe beider Augen seit 3 Wochen, mit starker Schwellung und Absonderung. Wurde von der Hebamme behandelt.

Ursache unbekannt.

Kam den 30. Aug. in Behandlung.

Ther.: Caut. mit Lap. inf. mitig. Kalte Ueb.

Den 31. Aug. Ausfluss im Abnehmen. Caut. mit Lapis Kalte Ueb.

Die folgenden 8 Tage wurde die Caut. wiederholt. Kalte Ueberschl. fort.

Den 9. Sept. Schwellung und Aussonderung gering. Caut. Kalte Ueb.

Die folgenden 4 Tage Caut. wiederholt. Kalte Ueb.

Den 16. Sept. Nur noch wenig Schleimsekretion. Caut. Kalte Ueb.

Den 19. Sept. Wieder etwas mehr Sekretion. Caut. Kalte Ueb.

Den 21., 23., 26. Sept. Caut. wiederholt. Kalte Ueb.

Den 28. Sept. Nur noch wenig Absonderung. Collyr. von Sol. arg. nitr. gr. $^1/_4$ ad ℥j.

Den 5. Oct. Schwellung sehr unbedeutend, die Conjunctiva etwas aufgelockert, wenig Schleim. Collyr. von Sol. zinci sulf. gr. j ad ℥j.

Den 17. Oct. Die Besserung schreitet fort. Pergat.

95. Friedrich Wb., 20 Jahr, Kaufmann hier.

Geringes Trachom beider Augen seit 14 Tagen.

Ursache unbekannt.

Kam den 30. Sept. in Behandlung.

Ther.: Collyr. von Sol. zinci sulf. gr. j ad ℥j.

Den 11. Oct. Entzündung und Wucherung viel geringer Pergat.

96. Friedrich Sdz., 17 Jahr, Tischler aus Leipzig.

Mässiges Trachom beider Augen seit 4 Tagen. Auch die Conjunct. der oberen Augenlider ist sehr rauh.

Ursache unbekannt.

Kam den 31. Aug. in Behandlung.

Ther.: Caut. der obern Lider mit Plumb. ac. Kalte Ueb.

Den 1. Sept. Etwas Besserung. Kalte Ueb. fort.

Den 3. Sept. Die Conjunct. der obern Lider ist ziemlich glatt, die der unteren zeigt noch Granulationen. Caut. der unteren Lider mit Plumb. ac. Kalte Ueb.

Den 18. Oct. Nur noch einige Granula sichtbar. Collyr. von Sol. arg. nitr. gr. β ad $\mathfrak{Z}$j.

97. Johanna Stu., 11 Jahr, Buchdruckerstochter aus Reudnitz. Geringes Trachom des rechten Auges seit 3 Wochen mit etwas Blepharitis ciliaris.

Ursache unbekannt.

Kam den 5. Sept. in Behandlung.

Ther.: Caut. mit Sol. arg. nitr. Gr. x ad $\mathfrak{Z}$j. Kalte Ueb. Ungt. zinci.

Den 8. Sept. Entzündung und Granulirung sehr gering. Etwas Herpes conj. Calomel.

98. Herrmann Ptz., 4½ Jahr, Handarbeiters Sohn aus Borna. Trachom mittleren Grades des rechten Auges seit ¼ Jahre. Dabei ziemlich starke blennorrhoische Aussonderung.

Ursache unbekannt.

Kam den 6. Sept. in Behandlung.

Ther.: Caut. mit Lap. inf. modif. Kalte Ueb.

Den 8. Sept. Das Trachom und der Ausfluss hat beträchtlich abgenommen. Ueberschl. von Aq. Sat.

Den 12. Sept. Im Gleichen. Pergat.

Den 20. Sept. Die Besserung schreitet fort. Collyr. von Sol. arg. nitr. Gr. ¼ ad $\mathfrak{Z}$j.

Den 22. Sept. Entzündung wieder stärker. Kalte Ueb.

Den 28. Sept. Entzündung ermässigt. Conjunctiva noch geschwollen und geröthet, wenig rauh. Collyr von Sol. arg. nitr. Gr. ¼ ad $\mathfrak{Z}$j. Ueberschl. von Aq. Saturn.

Den 3. Oct. Wieder mehr Entzündung. Ueberschl. fort.

Den 17. Oct. Besser. Pergat.

Den 28. Oct. Entzündung der Conjunct. gering. Links ein überhäuteter Prolapsus iridis. Collyr. von sol. zinci sulf. Gr. j. ad $\mathfrak{Z}$j.

99. August Ri., 29 Jahr, Notendrucker aus Stötteritz. Trachom beider Augen geringen Grades seit 14 Tagen.

Ursache: Ansteckung von dem Sohne 100, mit dem Patient in demselben Bette schläft.

Kam in Behandlung den 21. Nov.

Ther.: Caut. mit Plumb. acet. Kalte Ueb.

Den 24. Nov. Die Granulationen haben abgenommen. Caut. mit Plumb. acet. Kalte Ueb.

Den 28. Nov. Die Besserung schreitet fort. Caut. mit Plumb. acet. Kalte Ueb.

Den 6. Dec. Granulirung nur noch schwach. Caut. mit Plumb. acet. Kalte Ueb.

100. Franz Ri., 11 Jahr, Sohn von 99.

Geringes Trachom beider Augen seit 3 Wochen. Ursache unbekannt.

Kam den 24. Nov. in Behandlung.

Ther.: Caut. mit Plumb. acet. Kalte Ueb.

Den 28. Nov. Granulationen nur noch sehr unbedeutend. Caut. mit Plumb. acet. Kalte Ueb.

Von den eben beschriebenen hundert Fällen gehören 88 der unter dem Namen Trachom bekannten chronischen Form der Conjunctivitis an, die sich durch eine Wucherung der Bindehaut und des submukösen Bindegewebes in Form von Granulationen charakterisirt. Diese letzteren können bekanntlich bestehen theils aus den hypertrophirten physiologischen Papillen der Tarsalconjunctiva, theils in einer wirklichen Neubildung von Bindegewebe im Bereiche der Palpebralconjunctiva und der Uebergangsfalte, und bedingen, je nachdem das eine oder das andere der Fall ist, die Unterscheidung des Trachoms in Papillar- und vesikulöses Trachom. Dieser Unterschied ist indessen für die Praxis, namentlich für die Behandlung ein unwesentlicher, und deshalb ist derselbe bei der Aufzeichnung obiger Fälle weniger beachtet worden. Insofern sich aber in den meisten Fällen die Granulationen hauptsächlich und am stärksten oder selbst ausschliesslich in den Bulbopalpebralfalten vorfanden, wo Papillen nicht zu finden sind, dürften die meisten der Fälle dem vesikulösen oder gemischten Trachome beizuzählen sein. Von weit grösserer Wichtigkeit ist natürlich für die Beurtheilung der Fälle und ihrer Behandlung der Entwicklungsgrad des Trachoms, der in den verschiedenen Fällen ein sehr verschiedener war, und in allen Nüancen zwischen wenig kleinen, leicht zu übersehenden Rauhigkeiten und dicken, starken, einen grossen Theil der Conjunctiva bedeckenden Granulationen schwankte. Im Allgemeinen war die Zahl der geringer-gradigen Fälle überwiegend, was wohl unter anderen seinen Grund darin haben konnte, dass die Mehrzahl der Fälle, wie wir unten sehen werden, frisch entstanden in Behandlung kam. Bei einer kleinen Zahl von Patienten war die trachomatöse Wucherung hochgradig, in den übrigen Fällen mittelmässig ausgebildet. Es lassen sich zum Zweck einer bessern Uebersicht sämmtliche Fälle ihrem Grade nach in vier Klassen ordnen, die natürlich bei den mannichfachen Schattirungen und Uebergängen auf eine ganz scharfe Scheidung keinen Anspruch haben, aber doch den Ueberblick über die grosse Anzahl von Fällen erleichtern. Die erste Klasse, der 20 Fälle angehören, umfasst die leichtesten derselben, die neben einer mehr oder weniger entwickelten oberflächlichen Entzündung der Conjunctiva nur schwache Granulationen zeigten, und in ihren geringsten Graden als Uebergang vom Trachom zur gewöhnlichen sogenannten katarrhalischen Conjunctivitis betrachtet werden konnten. Es waren dies zum Theil ganz frische Fälle, welche die Granulationen gleichsam noch im Entstehen, zum kleinen Theil schon ärztlich behandelte, die nur noch Residuen derselben zeigten. Die zweite Classe repräsentiren 35 Fälle von ebenfalls nur geringgradigem Trachom, bei denen sich zwar deutlich entwickelte Granulationen, aber nur in geringer Ausbreitung fanden. Die dritte Klasse von 19 oder mit Einrechnung zweier Fälle, die sich Anfangs gering anliessen, und sich später zu einem mittleren Grade entwickelten, von 21 Fällen umfasst diejenigen, die eine stärkere und ausgedehntere Granulirung zeigten, ohne jedoch weder in Intensität, noch in Extensität der Wucherung einen mittleren Entwicklungsgrad zu überschreiten. Eine kleinere Anzahl von 10 oder mit Einschluss zweier Fälle, die im Anfange nur mässig ausgebildet, im Verlaufe der Behandlung hochgradig wurden, von 12 Fällen zeichnete sich durch excessiv starke Entwicklung der Granulationen aus, sowohl in Bezug auf die Ausbreitung des Trachoms, als auch namentlich auf die Ausdehnung der einzelnen Granula, die sich in einigen Fällen zu froschlaichartigen, selbst kondylomatösen Körnern entwickelten. Diese 12 Fälle bilden die vierte Klasse. Es entspricht diesen Klassen mit Weglassung der Fälle, die nur einmal zur Behandlung kamen, eine mittlere Dauer der Behandlung von 21, 21, 38 und 67 Tagen, wobei die verhältnissmässig zu hohe Ziffer der ersten Klasse ihre Erklärung darin findet, dass gerade die leichtesten Fälle sich oft nur in grossen Zwischenräumen zeigten und dadurch die Dauer der Behandlung in die Länge zogen. Die beiden ersten Klassen repräsentiren die Fälle geringeren Grades, zusammen 55 mit einer mittleren Dauer von 21 Tagen, die dritte und vierte Klasse die Fälle höheren Grades, zusammen 33 mit einer mittleren Dauer von 48 Tagen.

Complicirt war das Trachom in 24 Fällen mit Affektionen des Bulbus und der Lider, nämlich in 4 Fällen mit Chemosis inflammatoria, in 3 Fällen mit Keratitis, in 9 Fällen mit Episkleritis, in 1 Falle mit Episkleritis und schwachem blennorrhoischen Ausflusse, in 1 Falle mit geringem blennorrhoischen Ausflusse, in 1 Falle mit Herpes conjunctivae, in 3 Fällen mit alten Hornhauttrübungen, davon einmal mit Varikositäten, einmal mit alter Iritis, in 2 Fällen mit Blepharitis ciliaris, und zwar zeigten sich diese Complikationen in 14 von den leichteren und 10 von den schwereren Fällen.

Da man früher glaubte, dass das Trachom zum Theile von Krankheiten der Constitution abhängig wäre, ist es wichtig anzugeben, dass ausser einer Frau, die an ausgesprochener Anämie litt, und 3 Kindern, die zur Zeit der Entstehung des Trachoms an Stomatocace, eines davon zugleich mit Dysenterie gelitten hatten, alle andern Patienten im Uebrigen gesund waren.

In 67 Fällen hatte die trachomatöse Conjunctivitis beide Augen befallen, in 9 Fällen nur das linke, in 12 Fällen anfangs nur das rechte, von dem jedoch in 2 Fällen die Entzündung im Verlauf auch auf das linke Auge überging. —

Was das Alter der Patienten betrifft, so gehörten dieselben allen Altersklassen an. Es waren nämlich alt: unter 5 Jahr 12 Patienten, 5 Jahr 8 Patienten, 5—10 Jahr 14, 10—15 Jahr 17, 15—20 Jahr 10, 20—30 Jahr 12, 30—40 Jahr 6, 40—50 Jahr 6, über 50 Jahr 3, ein Befund, welcher der früher, als man die Ansicht von der constitutionellen Ursache des Trachoms hatte, verbreiteten Meinung, dass Trachom bei Kindern unter 5, und bei Erwachsenen über 50 Jahren nicht vorkomme, widerspricht. Nehmen wir das 15. Jahr als Grenze der Kindheit, so gehören 51 Fälle dem kindlichen, 37 Fälle dem erwachsenen Alter an, ein Uebergewicht des kindlichen Alters, das nach dem in der Einleitung Gesagten nicht auffallen kann. Wichtiger ist, dass die Kinder hauptsächlich leichtere Grade aufzuweisen hatten, während bei den Erwachsenen mehr höhergradige Formen vorkamen. Denn es kamen auf jene 51 Kinder 38 leichte und 13 oder nur $\frac{1}{4}$ der Gesammtzahl schwere Fälle, auf die 37 Erwachsenen dagegen 17 leichte und 20, also über die Hälfte der Gesammtzahl schwere Fälle. Mit andern Worten kamen von 55 leichten Fällen 38 oder $\frac{2}{3}$ auf Kinder, 17 oder $\frac{1}{3}$ auf Erwachsene, von 33 schweren Fällen 20 oder $\frac{2}{3}$ auf Erwachsene, 13 oder $\frac{1}{3}$ auf Kinder.

Unter den Patienten waren beide Geschlechter nicht gleich vertreten; von den 51 Kindern waren 20 oder $\frac{2}{5}$ männlichen, 31 oder $\frac{3}{5}$ weiblichen Geschlechts; von den 37 Erwachsenen 25 oder $\frac{2}{3}$ männlichen, 12 oder $\frac{1}{3}$ weiblichen Geschlechts. Dieses starke Ueberwiegen der männlichen über die weiblichen Erwachsenen, das in vielen Epidemien beobachtet wurde, hat hier seinen Grund darin, dass wir, wie unten gezeigt wird, für den grössten Theil der erwachsenen Patienten eine spontane Entstehung des Trachoms annehmen müssen, und den Einflüssen, die eine solche Entstehung begünstigen, Staub, Rauch u. s. w., Männer im Allgemeinen mehr ausgesetzt sind, als Weiber.

Die Zeit, die das Trachom bei Eintritt in die Behandlung schon bestanden hatte, zeigte sich verschieden, nämlich in je

1 Falle 5 Jahr, 2 Jahr, 1½ Jahr, 4 Monate, in je 2 Fällen 3 Monate und 6 Wochen, in 1 F. 4 Wochen, in 5 F. 3 Wochen, in 8 F. 2 Wochen, in 11 F. 8 Tage, in je 1 F. 5 und 6 Tage, in 5 F. 4 Tage, in 8 F. 3 Tage in je 1 F. 2 und 1 Tag. In 2 Fällen kamen die Patienten am Tage der Erkrankung in Behandlung, in 12 Fällen zeigte sich das Trachom, während die Patienten wegen anderer Affektionen des Auges in Behandlung waren, oder entwickelte sich während der Behandlung aus einer gewöhnlichen katarrhalischen Conjunctivitis, kam also immer schon einige Tage nach dem Entstehen zu Gesicht. In 24 Fällen, von denen 6 schon einige Zeit ärztlich behandelt wurden, konnte die Zeit des Bestehens nicht genau eruirt werden. In Allgemeinen bestanden von 64 Fällen, deren Dauer bis zur Behandlung sicher oder annähernd bestimmt war, 42 Fälle oder ⅔ nicht länger als 8 Tage, waren also ziemlich frische Fälle. Von diesen 42 Fällen zeigten 25 leichtere, 17 höhere Grade des Trachoms.

Der bei Weitem kleinere Theil der Fälle, nämlich 12, gehörten der akuten blennorrhoischen Form der granulösen Conjunctivitis an, deren vorwiegendes Symptom neben dem schnelleren und verderblicheren Verlaufe die profuse Absonderung von bald schleimigen, bald eitrigen Massen ist, wobei oft die Granulirung der Conjunctiva während des Höhestadiums der Krankheit durch eine starke diffuse Schwellung und Auflockerung der Bindehaut verdeckt wird, und erst nach Abnahme der Schwellung hervortritt. So war auch unter unseren Fällen nur bei einigen die Granulirung beim Eintritt in die Behandlung sichtbar, in der Mehrzahl zeigte sie sich erst später bei Nachlass der Entzündung. Der Ausfluss war in den meisten Fällen stark, und bestand in den geringergradigen Fällen grösstentheils aus schleimigem Sekret, während er sich in den höhergradigen verschieden stark mit Eiter vermischt zeigte, oder selbst eine reine Pyorrhoe darstellte.

Im Speciellen zeigten von den 12 Patienten 4 gleich zu Anfang der Behandlung eine deutliche Granulationsbildung auf der Conjunctiva. In 2 dieser Fälle war dieselbe

sehr mächtig, im 3. Falle, in dem das Trachom schon ¼ Jahr
bestand, ehe es sich zur blennorrhoischen Entzündung steigerte,
mittelgradig, im 4. Falle nur schwach entwickelt. Der blennorrhoische Ausfluss war in 3 Fällen von Anfang an ein
starker, im letzten Falle war er Anfangs schwach, und nahm
erst später an Menge zu. Hierbei zeigte sich in einem Falle
die Conjunct. bulbi besonders stark chemotisch geschwollen,
und zugleich eine Keratitis parenchymatosa, in einem andern
war bei geringer Schwellung der Conjunct. bulbi eine starke
Injection der vordern Ciliargefässe vorhanden. —

Bei den übrigen 8 blennorrhoischen Kranken trat im
Anfang die Granulirung gegen die meist starke Schwellung
der Bindehaut zurück und zeigte sich erst mehr oder weniger
deutlich, nachdem die Entzündung und diffuse Infiltration
nachgelassen hatte. In 6 Fällen war ein starker blennorrhoischer Ausfluss neben starker Schwellung vorhanden, in 1 Falle
starker Ausfluss neben mässiger Schwellung, in 1 Falle mässiger
Ausfluss und mässige Schwellung. Weiter zeigte sich in
zweien der höhergradigen Fälle starke Chemosisinflammatoria
und in einem 9 Wochen lang von einer Hebamme misshan-
delten Falle die Folgen einer doppelseitigen Keratitis, links
ein frisches Staphylom, rechts ein Prolapsus iridis.

Befallen waren in 8 Fällen beide Augen, in 2 Fällen anfangs nur das linke, von dem sich in beiden Fällen die Krankheit auch auf das rechte Auge erstreckte; in 2 Fällen anfangs
nur das rechte, in deren einem die Blennorrhoe später auch
das linke Auge ergriff.

Unter den Patienten waren 2 Erwachsene und 10 Kinder,
darunter 7 Neugeborene.

Die Krankheit bestand beim Eintritt in die Behandlung
in 1 Falle 1 Tag, in je 2 Fällen 4 und 8 Tage, in 1 Falle
10 Tage, in 2 Fällen 3 Wochen, in je 1 Falle 3½, 5, 9 Wochen
und 3 Monate.

Ursachen.

Was die Entstehung zunächst der Trachomfälle betrifft, so ergab die Untersuchung der ursächlichen Verhältnisse das interessante Resultat, dass in der Mehrzahl der Fälle mit grosser Wahrscheinlichkeit eine Ansteckung nachgewiesen werden konnte. Wie schon in der Einleitung angegeben wurde, hatte sich das Trachom zuerst bei einigen der Kinder gezeigt, die in der erwähnten Kinderbewahranstalt den Tag über sich aufzuhalten pflegten, und war von diesen wahrscheinlich durch directe Uebertragung, auf eine Inwohnerin der in demselben Hause gelegenen Dienstbotenanstalt übergegangen. Später hatte sich die Krankheit in der Kinderbewahranstalt trotz der Elimination der augenkrank gefundenen Kinder auf eine grosse Anzahl der Kleinen ausgebreitet, das inzwischen geheilte Dienstmädchen nochmals von Neuem ergriffen und binnen Kurzem auch eine Anzahl der Mädchen in der Dienstbotenansalt befallen. Wie die Krankheit ihren Weg in die Kinderbewahranstalt gefunden, ist nicht ersichtlich, indessen eine Einschleppung wahrscheinlich, da in den gut gelüfteten Räumen der Anstalt, in denen sich die Kinder nur am Tage, und im Sommer, wo sie einen anliegenden Garten benutzen konnten, nur kurze Zeit aufhielten, bei Mangel von Rauch, Staub, Anhäufung menschlicher Ausdünstungen, die sonst wohl Anhäufung in von vielen Menschen bewohnten Localen ein Trachom erzeugen können, an eine spontane Entstehung des letzteren nicht wohl gedacht werden konnte. Die schnelle Ausbreitung der Krankheit aber in beide Anstalten ist sicher aus einer directen Uebertragung von einem Individuum auf das andere zu erklären, wozu in der Dienstbotenanstalt bei der Benutzung desselben Schlafzimmers, und wahrscheinlich auch desselben Waschbeckens, Handtuchs u. s. w. sehr viel Gelegenheit geboten war, während in der Kinderbewahranstalt die vielfache Berührung, in welche kleine Kinder beim Spielen u. s. w.

häufig mit einander kommen, das Wischen der Augen mit den Händen bei mangelhafter Reinlichkeit u. s. w. ebenfalls zu mannichfachen Uebertragungen Veranlassung geben konnte.

Im Ganzen war in 39 von den 88 Trachomfällen eine Ursache für die Entstehung nicht aufzufinden, wogegen in 49 Fällen mit mehr oder weniger Wahrscheinlichkeit der Grund in einer Ansteckung gesucht werden musste.

Es kamen nämlich zur Behandlung 22 Kinder, die eben jene Kinderbewahranstalt besucht hatten, und 6 Mädchen aus der Dienstbotenanstalt, die vorher schon einige Zeit ärztlich behandelt waren, und zur Vollendung der Kur der Augenheilanstalt überlassen wurden.

In 15 Fällen war innerhalb der Familien augenkranker Patienten die Krankheit weiter geschritten, was leicht erklärlich ist aus der in der Classe, welcher die Fälle meist angehörten, nicht zu scrupulösen Reinlichkeit und manchen Momenten, die innerhalb einer Familie zu einer Uebertragung Anlass geben können. In 10 von diesen Fällen ging die Krankheit von den Kindern auf deren Geschwister über, in 4 Fällen von Kindern auf deren Väter, in 1 Falle vom Vater auf den Sohn.

In 3 weiteren Fällen konnte die Erkrankung nach Angabe der Patienten hergeleitet werden von einer Ansteckung von augenkranken Bettgenossen; in 2 Fällen waren Kinder muthmasslich von den augenkranken Kindern der Hausgenossen, mit denen sie spielten, und sonstigen Umgang hatten, angesteckt worden; in 1 Falle hatte wahrscheinlich bei dem Patienten, der den Tripper hatte, eine Selbstübertragung stattgefunden.

Es ist möglich, dass bei einer genaueren Anamnese, als sie bei der grossen Anzahl von poliklinischen Patienten angestellt werden konnte, auch für einen Theil jener 39 Fälle eine Ursache sich hätte auffinden lassen, dass vielleicht in einigen Fällen von der Dienstbotenanstalt aus, deren Inwohnerinnen den Tag über in Familien zur Arbeit gingen, eine Verschleppung stattgefunden hatte; allein wir können sicher annehmen, dass in der Mehrzahl dieser Fälle das Trachom spontan entstanden war, zumal von diesen 39 Kranken eine grosse Anzahl nicht einmal in Leipzig heimisch war, sondern in theilweise entlegenen Ortschaften ihren Wohnsitz hatte.

Das Alter der Patienten zeigte insofern einen Einfluss auf die Entstehung der Krankheit, als von 37 erwachsenen Trachomkranken in 28 Fällen, oder $^3/_4$ der Gesammtzahl eine Ursache nicht aufgefunden werden konnte, oder eine spontane Entstehung wahrscheinlich war, während von den 23 Kindern, die nicht in den beiden Anstalten angesteckt waren, bei 12 eine Ansteckung angenommen werden musste, bei 11 die Entstehung unbekannt war.

Bei den blennorrhoischen Fällen lieferte die Untersuchung der veranlassenden Ursachen ein minder günstiges Resultat. Von den beiden Erwachsenen, die an Blennorrhoe litten, war in 1 Falle die Patientin, die an Leucorrhoe litt, muthmasslich durch Selbstübertragung angesteckt, im andern Falle war wahrscheinlich der Patient von seinen Kindern angesteckt worden, die an Trachom erkrankt waren. Bei den 7 Neugebornen konnte in 5 Fällen eine weitere Ursache der Erkrankung nicht gefunden werden, in 2 Fällen hatten die Mütter zur Zeit der Geburt an Leucorrhoe gelitten. Von den 2 übrigen Fällen war in einem die Blennorrhoe zurückgeblieben nach einem Erysipelas faciei, in 2 Fällen war eine Ursache nicht zu constatiren. Im Ganzen musste für 7 Fälle eine spontane Entstehung der Krankheit angenommen werden; namentlich deutet der Fall, in dem dieselbe auf eine erysipelatöse Entzündung der Gesichtshaut folgte, auf eine spontane Entwickelung sicher hin.

Schliesslich sei es noch erlaubt, in Beziehung auf die Aetiologie der granulösen Entzündungen der Conjunctiva darauf aufmerksam zu machen, dass in den 2 Fällen, in denen eine Selbstansteckung durch Uebertragung des Sekrets einer Genitalienblennorrhoe auf die Augen wahrscheinlich war (30 und 58), das eine Mal eine trachomatöse, das andere Mal eine blennor-

rhoische Entzündung entstand; dass ferner in 1 Falle (26)
die Blennorrhoe wahrscheinlich ihren Ursprung der Ansteckung
von trachomatösen Kindern (24 und 25) verdankte: Befunde,
die dafür sprechen, dass das blennorrhoische und das Trachom-
gift im Wesentlichen identisch sind, und bei Berührung mit
einer gesunden Conjunctiva je nach der Individualität des
Falles bald die eine, bald die andere Form der granulösen
Conjunctivitis hervorrufen.

Verlauf.

Wenden wir auch hier unsere Aufmerksamkeit zuerst den
Trachomfällen zu, so können wir nur über den Verlauf von 74 Fällen berichten, da 14 Patienten sich überhaupt nur ein Mal zur
Behandlung einfanden. Diese 74 Fälle verliefen sämmtlich
in kürzerer oder längerer Zeit zur Heilung oder doch zu einem
solchen Grade von Besserung, der eine vollständige Heilung
sicher und bald in Aussicht stellte, indem die Granulationen
kleiner und kleiner wurden, bald zu blosen Rauhigkeiten der
Conjunctiva herabsanken und sich die Krankheit schliesslich
in einer gewöhnlichen Conjunctivitis mit mässiger Injektion
und Schwellung verlor, worauf dann die Conjunctiva durch
passende Mittel bald zur Norm zurückgeführt werden konnte.
Nicht alle Fälle aber verliefen unter kontinuirlicher Abnahme
der Entzündung und Wucherung zur Heilung, sondern bei
einer Anzahl von Kranken zeigten sich vor Eintritt der defini-
tiven Besserung mehr oder weniger Schwankungen des Verlaufes, Minderungen und Steigerungen des Wucherungsprozesses,
Zunahme und Abnahme der Injektion. Insbesondere entwickelten
sich 2 Anfangs geringgradige Fälle während des Verlaufs zu

mittelgradigen Formen, 2 andere ebenfalls nur mässig entwickelte Fälle steigerten sich zu sehr heftigen und hartnäckigen
Trachomen. In 2 Fällen ging die Entzündung von dem ur-
sprünglich allein ergriffenen rechten Auge im Verlaufe der
Behandlung auch auf das linke Auge über. In 9 Fällen
endlich traten während des Verlaufes Complicationen ein,
nämlich in 1 Falle nach schon eingetretener entschiedener Abnahme des Trachoms eine Keratoiritis, die eine lange Nachbehandlung erforderte, in 1 Falle zuerst ein schwacher blennorrhoischer Ausfluss, dann Episkleritis, in 3 Fällen Herpes
conjunctivae, in 2 Fällen Episkleritis, in 2 Fällen Herpes conjunctivae mit Episkleritis, Affektionen, die unter Anwendung
der geeigneten Mittel bald wieder schwanden. Es fanden sich
von diesen Complikationen 6 bei Trachomen höheren, 3 bei
Trachomen niederen Grades.

Die Dauer des Verlaufs war je nach dem Grade und der
Hartnäckigkeit des Uebels eine verschiedene und schwankte
in weiten Grenzen von wenigen Tagen bis zu 6 Monaten,
welche Dauer natürlich auch davon abhing, in welchen
grösseren oder kleineren Zwischenräumen die Kranken sich
zur Behandlung einfanden. Wurde so in einzelnen Fällen
durch das seltne Erscheinen der Patienten die Beobachtung
erschwert und das Bild des Verlaufs ein unsicheres, ein Uebel-
stand, der bei der poliklinischen Behandlung nicht zu umgehn
ist, so war doch in den bei Weitem meisten Fällen eine
öftere und darum genauere Beobachtung möglich, so dass aus
derselben richtige Resultate hervorgehn mussten.

Bis zur völligen Genesung oder wenn eine solche im Laufe
der Behandlung nicht constatirt werden konnte, bis zur ent-
schiednen Besserung, so dass keine oder nur sehr schwache
Residuen des Trachoms zu finden waren, währte die Dauer
des Verlaufs, wie folgt: Unter 8 Tagen in 12 Fällen; 8 und
10 Tage in je 3 F.; 11 Tage in 2 F.; 12 Tage in 3 F.;
14 Tage in 4 F.; 15 Tage in 2 F.; 16 Tage in 3 F.; 17 Tage
in 2 F.; 18 Tage in 1 F.; 19 Tage und 3 Wochen in je 3 F.;
4 Wochen in 5 F.; 4—5 Wochen in 5 F.; 5—6 Wochen in

4 F.; 7 Wochen in 8 F.; 10 Wochen in 3 F.; 11 und 15
Wochen in je 1 F.; 16 Wochen in 3 F.; 6 Monate in 1 F.

Sonach dauerte die Behandlung in 27 Fällen d. h. ⅓ der
Gesammtzahl nicht länger als 14 Tage; in 41 Fällen, also
mehr als der Hälfte aller Fälle, nicht über 3 Wochen. Auf
die 4te, 5te und 6te Woche kommt ungefähr eine gleiche
kleinere Zahl von Fällen; die Fälle von 7 Wochen Dauer sind
verhältnissmässig zahlreich, während nur 11 Fälle eine längere
Dauer als 7 Wochen hatten. Die verhältnissmässig häufige
Heilung in geringer Zeit ist wohl daraus zu erklären, dass,
wie wir oben sagten, eine grosse Anzahl der Fälle frisch in
Behandlung kam.

In Uebereinstimmung damit, dass bei Kindern mehr
leichtere als schwerere Grade des Trachoms sich fanden,
wurden die kranken Kinder in etwas kürzerer Zeit geheilt,
als die Erwachsenen. Es waren nämlich unter jenen 74 Fällen
45 Kinder und 29 Erwachsene. Von den Kindern waren 16
oder ⅓ der Gesammtzahl unter 14 Tagen in Behandlung, 13
2 bis 4 Wochen, 13 4 bis 8 Wochen und nur 3 oder 1/15 der
Gesammtzahl über 8 Wochen; von den Erwachsenen wurden
behandelt 7 oder ¼ der Gesammtzahl unter 14 Tagen, 10
2 bis 4 Wochen, 6 4 bis 8 Wochen und 6 oder ⅕ der Gesammtzahl über 8 Wochen.

Bei 4 Patienten, die sämmtlich erwachsen waren und die
nach einer Behandlung von 10 Wochen, 8 Wochen, 10 Wochen
und 16 Wochen eine bedeutende Besserung und nur noch
schwache Residuen des Trachoms zeigten, trat später ein
Recidiv ein und zwar 7 Wochen, 16 Wochen, 12 Wochen
und 10 Wochen nach dem Eintritt in die Reconvalescenz.

Auch die 12 blennorrhoischen Conjunctiviten verliefen
zur Heilung, indem nach und nach, bald schneller, bald
langsamer, die schleimige und eitrige Sekretion sich beschränkte, zugleich die Entzündung und Schwellung der Conjunctiva geringer wurden und eine mehr oder weniger granulirte
Conjunctiva zurückblieb, die dann auch bald unter der Anwendung der geeigneten Mittel zur normalen Beschaffenheit

4*

zurückkehrte. Auch hier wurde bei einigen Kranken die Heilung durch wiederkehrende Exacerbationen des Entzündungsprocesses hinausgezogen, namentlich aber fand in einigen Fällen ein Uebergreifen des letzteren auf den Bulbus und die cornea statt, das zu dauernden Nachtheilen und bleibenden anatomischen Störungen führte und desshalb die Herstellung zu einer unvollständigen machte.

Bei 3 von den 12 Blennorrhoischen ging im Verlaufe die Entzündung von dem zuerst ergriffenen einen Auge auf das andre über, wobei zugleich in einem dieser Fälle die vorher schwache Absonderung stärker wurde. In einem sehr heftigen Falle mit starken Granulationen entwickelte sich die vorher schon vorhandne Keratitis des einen Auges weiter und führte zur Durchbohrung der Hornhaut und prolapsus iridis. In 4 anderen Fällen mit hochgradigem Ausfluss und starker Schwellung der Conjunctiva, von denen aber nur einer deutliche Granulationen zeigte, bildete sich an je einem Auge eine Keratitis aus, die ebenfalls rasch zur Perforation und Irisvorfall führte.

Die Behandlung dauerte bis zur Beseitigung der Blennorrhoe und zur Heilung der Conjunctiva in je einem Falle 5, 7, 9. 11 Tage, 4 Wochen, 5 Wochen, 6 Wochen, in je 2 Fällen 7 und 8 Wochen, im 1 Fall 3 Monate. Ein Ausgang in wirkliche Herstellung in integrum fand nur in 6 Fällen statt, in den 6 übrigen trugen die Kranken unheilbare Schäden davon, es war zwar die Conjunctiva geheilt, dafür aber in 5 Fällen ein bulbus. in 1 Falle beide bulbi für immer mehr oder weniger funktionsunfähig geworden.

Behandlung.

Bei der Behandlung des Trachoms bestand die Indication neben Abhaltung aller schädlichen Reize und Entfernung der Entzündung durch Antiphlogose vornehmlich in der Beschränkung und Tilgung der wuchernden Granulationen, und es wurden zu diesem Zwecke bei geringer ausgebildeter Wucherung adstringirende und reizende Augenwässer eingeträufelt und durch deren Reiz die Granulationen zur Resorption gebracht, bei stärker entwickelter Wucherung dagegen verschiedene Cauterien auf die Granulationen selbst applicirt und dadurch direkt die granula vernichtet oder wenigstens verkleinert. Demnach gestaltete sich die Behandlung verschieden.

In 24 Fällen war die Anwendung von Augenwässern allein zur Tilgung der Granulationen genügend, nachdem in 3 von diesen Fällen wegen vorhandener Episkleritis 1 Tag, 10 Tage, 5 Tage lang Antiphlogose vorhergegangen war, bestehend in den beiden ersten Fällen in Anwendung von Ueberschlägen mit aqu. saturn., im letzten Falle daneben in Anwendung örtlicher Blutentziehung. Sämmtliche 24 Fälle gehörten den Trachomen geringeren Grades an, nämlich 19 der ersten Klasse, 5 der zweiten; ihre Dauer war dem zu Folge eine geringe, sie betrug in 8 Fällen unter 14 Tage, in 5 Fällen 2—3 Wochen, in 2 Fällen 4 Wochen, in 3 Fällen 4—5 Wochen, in 2 Fällen 7 Wochen, in 1 Falle 8 Wochen. 3 Fälle stellten sich nur einmal vor.

Bei 58 Kranken musste zur Beschränkung der Wucherung zur Aezung der Granulationen geschritten werden, wozu lapis infernalis in Substanz, cuprum sulphuricum in Substanz, eine 10 gränige Lösung von argentum nitricum, am häufigsten aber, nämlich in 56 Fällen, plumbum aceticum in Pulverform verwendet wurden.

Bei 21 von diesen 58 Kranken kam ausser der Cauterisation mit plumb. acet. und kalten Ueberschlägen nichts weiter in Anwendung. Dem Grade nach gehörten diese 21 Fälle theils den geringeren, theils den höheren Formen des Trachoms an, nämlich 13 Fälle der 2. Klasse, 6 der 3., 2 der 4. Klasse. Je nach der Entwicklung und Hartnäckigkeit des Trachoms musste das Cauterium verschieden oft applicirt werden, nämlich in 10 Fällen, von denen 4 sich überhaupt nur 1 mal zeigten, 1 mal, in 5 Fällen 2 mal, in 1 Falle 3 mal, in 2 Fällen 4 mal, in je 1 Falle 5, 6, 8 mal. Die Behandlung nahm auch in diesen Fällen eine verhältnissmässig kurze Zeit in Anspruch, nämlich in 7 Fällen unter 8 Tage, in 6 Fällen 8—14 Tage, in 3 Fällen 2—3 Wochen, in 1 Falle 7 Wochen. In 4 Fällen kamen, wie erwähnt die Kranken nur einmal zur Behandlung. Bei einem der Patienten trat nach 3 Wochen eine entschiedne Besserung des Trachoms ein, aber zu gleicher Zeit aus unbekannten Gründen eine Keratoiritis, die eine langwierige Nachbehandlung mit Blutentziehungen, Atropin, Eisüberschlägen nöthig machte.

In 24 weiteren Fällen musste, nachdem sich auf Anwendung von plumb. acet. die Granulirung bedeutend gemindert hatte, um die Wucherung vollends zu beschränken und die noch geschwellte und injicirte Conjunctiva zur Heilung zu bringen, zur Anwendung von Augenwässern geschritten werden. In 2 von diesen Fällen jedoch wurde, nachdem das Collyrium eine Zeit lang gebraucht worden war, da die Besserung keine weiteren Fortschritte machte oder sogar eine stärkere Entwicklung der Granulationen sich zeigte, ein Zurückgreifen zum Cauterium nöthig. So wurde in einem Falle nach zweimaliger Aezung mit plumb. acet. ein Collyrium angewendet und nach dessen 3wöchentlichem Gebrauche eine nochmalige Aezung nöthig, worauf das Collyrium weiter in Anwendung kam. Im andern Falle wurde nach einmaliger Aezung ein Collyrium gegeben, nach dessen 3wöchentlichem Gebrauche die Cauterisation 1 mal, und nach weiterem 4tägigen Collyriumgebrauche noch 4 mal wiederholt, ehe die weitere Behandlung mit einem Augenwasser fortgesetzt wurde. Die Dauer der Behandlung war im 1. Falle 5 Wochen, im 2.,

der nur in grössern Zwischenräumen sich vorstellte, nahezu
6 Monate. In den 22 übrigen Fällen kam vor dem Gebrauche
eines Augenwassers die Cauterisation mit plumb. acet. in fol-
gender Häufigkeit zur Anwendung: in 4 Fällen 1 mal, in
10 Fällen 2 mal, in 4 Fällen 3 mal, in 2 Fällen 4 mal, in
je 1 Falle 7 und 12 mal. — Bei 2 Patienten war der Application des Bleies wegen bestehender heftigerer Entzündung
eine eintägige Anwendung von Aqu. Saturn. als Ueberschläge
vorangegangen; bei einem derselben musste auch später der
Collyriumgebrauch wegen vorhandener stärkerer Injection der
vorderen Ciliargefässe durch eine 3wöchentliche Antiphlogose,
bestehend aus Ueberschlägen von Aqu. Saturn. und Blutentziehungen unterbrochen worden.

Der grössere Theil der 24 Kranken zeigte höhere Grade
des Trachoms, es kamen 7 auf die 2., 11 auf die 3. und 6
auf die 4. Klasse. Es waren daher diese Kranken eine verhältnissmässig längere Zeit in Behandlung, als in den vorher-
beschriebenen Fällen, nämlich mit Uebergehung der beiden
Fälle, deren Dauer wir schon oben angegeben haben, nur 4
Patienten unter 14 Tagen, 5 Pat. 2—3 Wochen, je 1 Pat. 4
und 5 Wochen, 3 Pat. 6 Wochen, 4 Pat. 7 Wochen, 2 Pat.
10 Wochen, je 1 Pat. 11 und 16 Wochen. In 3 der Fälle,
in denen sich nach 12maliger, 3maliger, 2maliger Aezung
und nachfolgendem Collyriumgebrauch das Trachom fast ganz
verloren hatte, trat nach 7 Wochen, 12 Wochen, 10 Wochen
ein Recidiv ein, das eine nochmalige energischere Behandlung,
im Laufe deren im 1. Falle bisher noch 10 mal die Cauterisation wiederholt wurde, nöthig machte.

In 7 Fällen wurde, da sich anfangs die Wucherung nur
gering zeigte, die Behandlung mit einem Augenwasser begon-
nen und später, da nach dessen längerer oder kürzerer Anwendung die Wucherung sich nicht beschränkte, sondern in
einigen Fällen sogar zunahm, mit plumb. acet. cauterisirt·
Es gehörten dem Grade nach von diesen 7 Fällen 4 der 2.,
1 der 3., und 2 der 4. Klasse an. In 4 von diesen 7 Fällen
wurde nach 4tägigem, 5tägigem, 3wöchentlichem und 7wöchent-

lichem Collyriumgebrauch, dem im letzten Falle eine 1tägige
Antiphlogose, bestehend in Ueberschlägen von Aqu. Saturn.
vorhergehen musste, das plumb. acet. 1 mal, in einem weitern Falle nach 3wöchentlichem Gebrauche eines Augenwassers, dagegen 5 mal applicirt, worauf im ersten Falle wegen
eingetretener Episkleritis und Herpes conjunctivae mit Bleiwasser und Calomel weiter behandelt, in den übrigen 4 Fällen
das Collyrium weiter gebraucht wurde und zur Tilgung der
Wucherung genügte. Die Behandlung nahm 19 Tage, 4 Wochen,
3 Wochen, 7 und 16 Wochen in Anspruch. — In 2 weitern
Fällen wechselten Collyrium und Cauterium mehr als einmal.
In einem von 5½ wöchentlicher Dauer wurde nach 4tägigem
Collyriumgebrauch das plumb. acet. 6 mal applicirt und darauf
wieder ein Augenwasser angewendet, nach dessen 5tägigem
Gebrauch die Aezung mit Blei 2 mal wiederholt wurde, ehe
zur Vollendung der Cur wieder ein Augenwasser in Gebrauch
kam. Im andern Falle, der 16 Wochen dauerte, wurde nach
5tägigem Collyriumgebrauch 1 mal cauterisirt, nach weiterem
12 tägigen Gebrauche die Aezung 5 mal und nach abermaligem
6 tägigen Gebrauche noch 1 mal wiederholt, also 3 mal mit
Collyrium und plumb. acet. gewechselt, ehe wieder ein Augenwasser gegeben wurde.

Bei 4 Kranken, von denen dem Grade des Trachoms
nach 2 zur 4., je 1 zur 3. und 2. Classe gehörten, wurden
neben dem plumb. acet. auch andere Cauterien in Anwendung
gebracht und zwar ging in 2 derselben die Anwendung des
Bleies der anderer Aezmittel voraus. Es wurde nämlich in
1 Falle 1 mal mit plumb. acet. und darauf 1 mal mit solutio
argent. nitr., gr. x : $\mathfrak{Z}$j, geäzt. Im andern sehr hartnäckigen
Falle folgte auf eine 4 malige Cauterisation mit plumb. acet.,
da die Wucherung nicht abnehmen wollte, eine 3 malige mit
derselben Höllensteinlösung und dann ein Augenwasser, nach
dessen 14 tägigem Gebrauch noch einmal mit der Höllensteinlösung, 1 mal mit cupr. sulfur. und weitere 3 mal mit der Höllensteinlösung geäzt werden musste, ehe zum weiteren Gebrauche des Collyriums zurückgegangen werden konnte. Die

Behandlung dieser beiden Fälle dauerte 15 und 10 Wochen. In 2 anderen Fällen folgte das plumb. acet. in der Anwendung andern Cauterien nach. In einem der Fälle, in welchem die Wucherung und Schwellung sehr stark war, wurde die conjunctiva scarificirt, dann 1 mal mit lap. infern. in Substanz und dann noch 4 mal mit plumb. acet. geäzt, und in der Zeit von 8 Wochen das Trachom bis auf geringe Rauhigkeit der Conjunctiva getilgt; es folgte in diesem Falle nach 4 Monaten ein Recidiv. Im andern Falle wurde 2 mal mit cupr. sulfur., und da sich ein Erfolg nicht zeigte und die Cauterisation schmerzhaft war, noch 2 mal mit plumb. acet. geäzt und darauf unter Anwendung eines Augenwassers das Uebel in 4 Wochen geheilt.

Nur in 2 von den 58 Fällen kam plumb. acet. nicht in Anwendung. In 1 Falle von geringem Trachom, der sich nur einmal zeigte, wurde mit cupr. sulfur. geäzt und darauf ein Collyrium verordnet. Im andern mittelgradigen Trachomfalle wurde 1 mal mit solut. argent. nitr. gr. x : ℥j cauterisirt; der Kranke stellte sich nur noch einmal, am 3. Tage nach der Aezung, mit deutlich gebesserten Granulationen vor.

Bei einem schwachen Trachom, das sich nur einmal zur Behandlung einstellte, wurden wegen bestehender Episkleritis Ueberschläge von Bleiwasser verordnet.

In 5 Fällen endlich fand keine Behandlung statt.

Die während der Behandlung vorkommenden Complicationen wurden in entsprechender Weise behandelt.

Noch einige Worte über die Anwendung der einzelnen Mittel!

Als Collyrien wurden verwendet: Sol. zinci sulf. gr. j ad ℥j. Sol. lapid. divini gr. j ad ℥j. Sol. arg. nitr. gr. ¼ — β ad ℥j. und zwar je nach der Wirkung, die damit erzielt werden musste, in schwächeren Fällen die beiden ersten Solutionen oder die schwächeren Höllensteinlösungen, in höhergradigen Fällen die stärkeren Höllensteinlösungen. Es wurden diese Augenwässer, wie gewöhnlich, 3 mal den Tag eingeträufelt.

Von den Cauterien kam in den meisten Fällen, wie schon

oben erwähnt, das essigsaure Blei in Pulverform zur Verwendung. Es wurde hiebei das untere, wo nöthig, auch das obere Augenlid umgestülpt und mit einem Pinsel das feingepulverte Blei über die trachomatösen Stellen der Conjunctiva vertheilt und so lange mit denselben in Berührung gelassen, bis sich ein grauer Schorf gebildet hatte, worauf die Conjunctiva mit lauem Wasser sorgfältig abgespült wurde, um das etwa überschüssige Blei zu entfernen. Dabei war es in manchen Fällen mit straffen Augenlidern schwierig, zur Bulbopalpebralfalte zu gelangen, in der sich in den meisten Fällen die Granulationen am stärksten entwickelt zeigten. Doch wurde es immer möglich, wenn man den Kranken stark aufwärts sehen und dadurch die Uebergangsfalte emporheben liess. Bei den meisten Patienten zeigte sich die Conjunctiva der obern Lider nur wenig rauh oder auch ganz glatt, und es beschränkte sich dann die Cauterisation auf die unteren Lider. Das obere Augenlid wurde hiebei entweder von einem Assistenten oder in Ermangelung eines solchen von mir selbst mit dem Zeigefinger der linken Hand nach oben fixirt, während der Daumen derselben Hand das untere Augenlid nach unten umgestülpt erhielt. Nach der Cauterisation wurden je nach der Injectiva der Conjunctiva und dem subjectiven Wärmegefühl des Kranken kürzere oder längere Zeit kalte Ueberschläge angewendet.

Bei bestehender heftigerer Injection der Conjunctiva und namentlich der vorderen Ciliargefässe wurde die Entzündung durch Ueberschläge von Bleiwasser oder kaltem Wasser zuvor gehoben, ehe das Cauterium auf die Conjunctiva applicirt wurde.

Die sorgfältig und sanft ausgeführte Aezung war weder während der Manipulation selbst, noch nach derselben irgend erheblich schmerzhaft, und wurde sogar von den sehr jungen Kindern, die in dieser Zeit zur Behandlung kamen, meistens ohne jeden Widerstand und ohne Schmerzensäusserungen wiederholt ertragen.

Die Wiederholung der Aezung konnte immer erst dann

erfolgen, wenn der Schorf von der Conjunctiva verschwunden war. Da der Aezschorf, den das plumb. acet. erzeugt, die Eigenthümlichkeit besitzt, längere Zeit, selbst 14 Tage und noch länger, auf der Conjunctiva zu haften, während dieser Zeit eine schützende Decke über den Granulationen bildet und somit die Einwirkung eines Cauteriums auf dieselben verhindert, so konnte die Aezung in der Regel erst am 3., 4., 5., selten schon am andern Tage mit Erfolg wiederholt werden. Dieses lange Verweilen des Schorfes nach der Cauterisation mit plumb. acet. ist dem letzteren besonders zum Vorwurf gemacht worden. Es sollte hierbei der Aezschorf gewissermassen als fremder Körper reizend auf die Conjunctiva einwirken, dadurch die Wucherung, anstatt beschränkt, gesteigert werden, auch durch das Reiben der Schörfe am Bulbus allerlei Affektionen des Bulbus entstehen können oder wenigstens durch Verhinderung einer öfteren Wiederholung der Cauterisation die Behandlung in die Länge gezogen werden. Was die beiden ersten Einwürfe betrifft, so werden dieselben durch die beobachteten Fälle im Allgemeinen nicht bestätigt. Es machte sich nach jeder Cauterisation nach Schwinden der Schörfe eine Abnahme der Granulationen sichtbar; wie es mir denn auch wahrscheinlich ist, dass der Aezschorf durch den leichten Druck und Reiz, den er auf die Granulationen ausübt, der Wucherung entgegenwirkt, in ähnlicher Weise, wie wir bei caro luxurians die wuchernde Geschwürsfläche mit Charpie bedecken oder mit einem Aezmittel bestreichen, um die Granulirung auf das normale Maass zu beschränken. Weiter complicirten ausser der in dem einen Falle nach schon bedeutender Besserung des Trachoms eingetretnen Keratoiritis selbst bei häufiger Anwendung des plumb. acet. nur sehr unbedeutende Entzündungen des Bulbus den Verlauf, an deren Entstehung die Therapie sicher unschuldig war. — Schliesslich ist es wohl denkbar, dass eine täglich wiederholte Aezung, wie sie bei der Behandlung mit andern Aezmitteln, deren Schörfe sich schon nach einigen Stunden losstossen, möglich ist, den Verlauf in etwas hätte abkürzen können. Indessen ist auch der grösste Theil der hier behandelten Fälle, wie oben gezeigt wurde, in Anbetracht des immer mehr oder weniger hartnäckigen Verlaufs des Trachoms in verhältnissmässig kurzer Zeit geheilt worden; ausserdem ist zu beachten, dass einem grossen Theile der Patienten ein tägliches Erscheinen zur Behandlung höchst unbequem, ja namentlich den Kranken, die auswärts wohnten, geradezu unmöglich war; dass ferner den kleinen Kindern, die unter den Kranken ziemlich zahlreich vertreten waren, eine täglich wiederholte Aezung bald lästig geworden und die weitere Behandlung bei ihnen auf grossen Widerstand gestossen wäre, während sie sich meistens den in Pausen von 3 — 4 Tagen angestellten Cauterisationen willig unterwarfen. War aus diesen Gründen eine öftere Application von Cauterien in vielen Fällen nicht möglich oder nicht räthlich, so konnte ein längeres Verweilen der Schörfe den Kranken nicht zum Schaden, ja, wenn wir an die oben erwähnte wahrscheinliche Nachwirkung des plumb. acet. denken, nur zum Vortheil gedeihen, und was ja an Schnelligkeit der Cur verloren ging, wurde sicherlich an Bequemlichkeit für Arzt und Patienten gewonnen. Immerhin ist daher dem plumb. acet., abgesehen davon, dass es längere Zeit zu seiner Einwirkung braucht und sich desshalb die geringere oder stärkere Wirkung genau bemessen lässt, neben oder vor andern Cauterien zur Tilgung namentlich nicht zu hochgradiger Trachome seine Stelle einzuräumen.

Wie erwähnt wurde es in 56 von unsern Fällen angewendet und zwar in 19 Fällen 1 mal, in 16 Fällen 2 mal, in 6 Fällen 3 mal, in 6 Fällen 4 mal, in je 2 Fällen 5, 6, 7, 8 mal, in 1 Fall 12 mal, in demselben Falle seit Eintritt eines Recidivs 10 mal.

Das cuprum sulfuricum würde in Gestalt eines Krystalls mit glatten Flächen gebraucht, mit dem die Oberfläche der Conjunctiva bestrichen wurde. Es kam in 3 Fällen in Anwendung und zwar in 2 Fällen 1 mal, in 1 Fall 2 mal, wurde aber bald wieder verlassen, da seine Application durch den gelinden Druck, der angewendet werden muss, um es mit der

Conjunctiva gehörig in Berührung zu bringen, schmerzhaft
war und sehr geringen Erfolg zeigte. Auch lassen sich ein-
zelne Stellen, z. B. die Uebergangsfalte ungleich schwerer,
als mit einem Pinsel bestreichen.

Die Solutio argenti nitrici, gr. x ad $\overline{3}$j, kam in 3 Fällen
zur Verwendung und wurde in 2 Fällen 1 mal, in 1 Fall
7 mal applicirt. Sie wurde mit einem Pinsel auf die um-
gestülpten Lider aufgetragen und das Ueberschüssige mit
Salzwasser abgespült. Sie schien in einem hartnäckigen und
hochgradigen Fall, in dem plumb. acet. nur langsam wirkte,
die Heilung schneller herbeizuführen.

Mit lapis infernalis in Substanz wurde nur 1 mal bei
einer starken Granulirung und Schwellung der Conjunctiva
geäzt, ebenso nur 1 mal, und zwar in demselben Falle scarificirt.

Die 12 blennorrhoischen Conjunctiviten, die in Behandlung
waren, machten wegen der heftigeren Entzündung eine energischere Anwendung der Antiphlogose und wegen der meist
starken Granulirung, beziehendlich diffusen Schwellung der Conjunctiva auch eine energischere Anwendung der Cauterien
nothwendig.

Nur in 1 Falle, der sich bei starkem Ausfluss durch geringe Schwellung und schwache Granulirung auszeichnete,
gelang es, ohne Aezung der Entzündung und Wucherung
Meister zu werden. Nach Anwendung von Blutentziehungen
und unausgesetzten Eisüberschlägen genügte ein Collyrium,
um binnen 4 Wochen die Blennorrhoe vollständig zu heilen.

In den übrigen 11 Fällen kamen Cauterien in Gebrauch:
lap. infern. in Substanz, lap. infern. mitigatus, plumb. acet.
in Pulverform und solut. argent. nitric. 3j : $\overline{3}$j.

Bei 3 Kranken wurde die Behandlung mit einer Aezung
mit lap. infern. eröffnet und dann Eisüberschläge gemacht.
Darauf wurde in 1 Falle nach 2 Tagen ein stärkeres Collyrium
gegeben und nach 3tägiger Anwendung durch eine nochmalige
Aezung mit plumb. acet unterbrochen; im 2. Falle wurde am
andern Tage 1 mal mit Plumb. acet. cauterisirt und darauf,

nachdem eine Falte aus der Conjunctiva der untern Lider geschnitten worden war, noch 3 mal mit der Höllensteinlösung
geäzt und nach weiterer 17tägiger Anwendung von Eisüberschlägen ein stärkeres Collyrium gebraucht; im 3. Falle folgten
2 Aezungen mit der Höllensteinlösung und bald darauf ein
starkes Collyrium. Sämmtliche 3 Fälle zeigten starke Blennor-
rhoeen, 2 davon mit dicken Granulationen, und waren 7 Tage,
3 Monate, 9 Tage in Behandlung.

In 4 Fällen kam lap. infern. mitig. in Anwendung. In
2 derselben wurde nach 20maliger, beziehendlich 1maliger
Cauterisation mit dem lapis ein Collyrium angewendet, dessen
Gebrauch im 2. Falle wegen bestehender heftigerer Entzündung einige Zeit durch die Anwendung von Bleiwasserüber-
schlägen unterbrochen wurde. Im 3. Falle wurde nach 3maliger
Cauterisation mit dem lapis 1 mal mit Höllensteinlösung,
dann noch 10 mal mit dem lapis geäzt, dann wurde ein
stärkeres Collyrium versucht, nach 2 Tagen aber wieder ausgesetzt und noch 7 mal die Cauterisation mit dem lapis wiederholt, ehe wieder zum Augenwasser zurückgegangen wurde.
Im 4. Falle folgten auf eine Aezung mit dem lapis 2 mit
der Höllensteinsolution und dann ein Collyrium mit Atropin,
dessen Gebrauch nach 3 Tagen durch nochmalige 2 Aezungen
mit der Lösung unterbrochen wurde. Die Dauer dieser Fälle
betrug 7 Wochen, 7 Wochen, 5 Wochen und 8 Wochen.

In 2 Fällen wurde ausschliesslich plumb. acet. angewendet
und zwar reichten in 1 Falle eine Aezung mit plumb. acet.
und nachfolgende Ueberschläge von Aqu. saturn. aus, um
den Process zur Heilung zu bringen; im andern wurde 2 mal
mit Blei geäzt und dann ein Collyrium von plumb. acet. gebraucht. Die Behandlung dauerte 6 Wochen und im 2. schwachen Falle 7 Tage.

In 2 Fällen kam hauptsächlich die Höllensteinlösung zur
Verwendung; in 1 Falle wurde scarificirt, Eiüberschläge gemacht,
dann 2 mal mit der Lösung, und, nachdem wegen eingetretener
heftiger Entzündung einige Zeit lang eine strengere Antiphlogose, bestehend in Blutentziehung, Eisüberschlägen, Atropin,

eingehalten worden war, noch 1 mal mit plumb. acet. und 3 mal
mit der Lösung cauterisirt und darauf zu einem starken Collyrium geschritten. Im andern Falle wurde nach 1maliger Cauterisation mit der Lösung und Anwendung von Eisüberschlägen
ein stärkeres Collyrium angewendet, dessen Gebrauch indess
noch 2 mal durch eine 1malige Cauterisation mit der Solution
unterbrochen. Die Fälle dauerten 8 Wochen und 11 Tage.

Applicirt wurden die Aezmittel in der üblichen Weise
und zwar im Ganzen:

Lap. infern. in Substanz in 3 Fällen je 1 mal.

Lap. infern. mitig. in 4 Fällen, in 2 Fällen 20 mal, in
2 Fällen 1 mal.

Plumb. acet. in 5 Fällen: in 4 Fällen 1 mal, in 1 Falle
2 mal.

Solut. argent. nitr. in 6 Fällen: in 2 Fällen 3 mal, in je
1 Falle 1, 2, 4, 5 mal.

Als Augenwässer, die 3 mal den Tag eingeträufelt wurden, waren in Gebrauch: da, wo die Schwellung und Granulirung noch etwas stark war, also gewöhnlich zuerst nach
dem Aussetzen der Cauterisation, stärkere Höllensteinlösungen
von grβ—j. ad $\mathfrak{Z}$j, später oder wo überhaupt eine stärkere
Wirkung nicht nöthig war, schwächere Lösungen von gr. ¼
ad $\mathfrak{Z}$j, solutio zinci sulfur. grj. ad $\mathfrak{Z}$j, 1 mal solut. plumb.
acet. grjj. ad $\mathfrak{Z}$j.

Die ausgedehnteste Anwendung fand neben den Aezmitteln die Antiphlogose, die in sämmtlichen Fällen bald kürzere,
bald längere Zeit gebraucht wurde und je nach dem Grade
der vorhandenen Entzündung im Gebrauche von Bleiwasser
oder, und zwar in den meisten Fällen, von Eisüberschlägen
bestand. Nur in 2 Fällen wurden locale Blutentziehungen
durch Schröpfköpfe zur Verstärkung der Antiphlogose angewendet, ferner in 1 Falle die stark geschwollene Conjunctiva
scarificirt und in einem andern auf beiden Augen ein Stück der
stark trachomatösen Conjunctiva mit der Scheere herausgeschnitten.

Opponenten.

Herr Dr. med. B. Ruete.
Herr Doctorand. med. O. Kessler.
Herr Bacc. med. A. Müller.

—